Wie aus der Easy Kompanie eine Bruderschaft wurde

Von Chris Langlois, Enkel von Doc Roe

Illustriert von Anneke Helleman

Übersetzt von Dani "Stöpsel" Stohl und ihrem Sohn Marvin

Kein Teil dieses Buches darf reproduziert, in einem Retrieval-System gespeichert oder in irgendeiner Form oder mit irgendwelchen Mitteln, elektronisch oder mechanisch, übertragen werden. Fotokopieren, Aufzeichnen oder Anderweitiges, ohne schriftliche Genehmigung des Autors ist nicht erlaubt; es sei denn, die Verwendung ist geringfügig und für eine Buchbesprechung oder anderen ähnlichen Marketingzweck.

Speziellen Dank an Jo Segers, der die Inspiration für die deutsche Übersetzung war.
Speziellen Dank auch an Thorsten aus Deutschland, für die Mithilfe an der Übersetzung.

ISBN-13: 978-0-578-60412-1

Urheberrecht 2020 bei Chris Langlois. Alle Rechte vorbehalten.

Erster Druck: August 2020

Dieses Buch kann unter www.Amazon.com oder durch Kontaktaufnahme mit dem Autor unter: docroegrandson@gmail.com erworben werden.

Gewidmet dem "Engel", den ich als "Paw Paw" kannte.

"Von diesem Tag an bis zum Ende der Welt, wird man sich an uns erinnern, -
Wir Wenige, wir wenige Glücklichen, wir sind eine Bande von Brüdern;
Denn derjenige, der heute mit mir sein Blut vergießt.
soll mein Bruder sein."
— William Shakespeare, Heinrich V

"Wo ist der Prinz, der es sich leisten kann, sein Land mit Truppen zu seiner Verteidigung zu bedecken, damit dann tausende Männer, die von den Wolken herabsteigen, an vielen Orten nicht unendlich viel Unheil anrichten, bevor eine Kraft zusammen gebracht werden kann, um sie abzuwehren"?
— Benjamin Franklin, 1784

"Die 101. Luftlandedivision hat keine Geschichte... aber sie hat ein Rendezvous mit dem Schicksal."
— General William C. Lee, "Vater" der US-Luftwaffe

"Durch halten"
— Major Dick Winters

101. Luftlandedivision (12.000 Mann)

|

506. Fallschirm-Infanterie-Regiment (1.800 Mann)

|

2. Bataillon (600 Mann)

|

Easy Company (160 Männer)

|

Zug (48 Männer)

|

Kader (16 Männer)

Die Geburt der Fallschirmjägertruppe in der US Army

Das Ausbildungsprogramm für Luftlandeeinheiten der US-Army begann im Juli 1940 mit einer ausschließlich aus freiwilligen bestehenden Lehr- und Erprobungskompanie. Sie bestand aus 2 Offizieren und 48 Unteroffizieren- und Mannschaften. Andere Länder wie Japan, Italien, Deutschland und die Sowjetunion hatten bereits Luftlandeeinheiten. Während des zweiten Weltkrieges (WWII) führten die Deutschen, zwei große Fallschirmjägereinsätze durch, einen auf Kreta und einen in Holland.

Das Fallschirmjägerkonzept war für die US Army im Jahr 1942 noch brandneu, als das 509. Fallschirmjägerregiment während der Operation Torch am ersten Fallschirmjägereinsatz in der Geschichte der Vereinigten Staaten in Nordafrika teilnahm.

Fallschirmjäger werden speziell zur Durchführung von Missionen ausgebildet, ausgerüstet und gegliedert, die andere Truppen nicht durchführen können, wie z.B:

- Inbesitznahme, Halten und Sichern von Gelände, das nur mit dem Fallschirm zugänglich ist.
- Inbesitznahme von Brücken, Tunneln und Kanälen.
- Operationen hinter den feindlichen Linien durch koordinierte Angriffe und andere boden- und landgestützte Operationen.
- Inbesitznahme von Flugplätzen und Landezonen zur Nutzung oder um dem Gegner die Nutzung solcher unmöglich zu machen.
- Ablenkungs- und Scheinangriffe, um eigene Operationen für den Gegner zu verschleiern.

Am 16. August 1942 wurde die 101. Luftlandedivision in Camp Claiborne, Louisiana, aufgestellt, bei welcher General William Lee seine berühmte Rede hielt: "Die 101.Luftlandedivision hat keine Geschichte, aber sie hat ein Rendezvous mit dem Schicksal."

Das 506. Parachute Infantry Regiment abgekürzt PIR (Fallschirmjägerregiment), war insofern einzigartig für die US Army, da diese Einheit zum ersten Mal in ihrer Grundausbildung an der Luftlandeschule ausgebildet wurde. Dadurch bildete sich eine stärkere Kameradschaft zwischen den Männern und eine furchterregendere Einheit entstandt. Das 506. PIR wurde am 20. Juli 1942 aufgestellt, unter der Führung von Oberstleutnant Robert F. Sink aus West Point und begann die Ausbildung im Camp Toccoa, Georgia. Oberst Sink blieb Kommandant der 506. PIR bis zum Ende des Krieges, ein seltenes Ereignis für ein Infanterieregiment während eines Krieges.

Neun Infanteriekompanien bildeten das 506.PIR: Able, Baker, Charlie, Dog, Easy, Fox, George, How und Item. Die Kompanien wurden auch benannt durch ihren ersten Buchstaben, wie z.B. Kompanie „E".

Das Motto des 506. PIR wurde "Currahee", was aus der Sprache der Cherokee übersetzt "steht allein" bedeutet. Es war eine Beschreibung des Mount (Berg) Currahee der die Landschaft um das Camp Toccoa beherrschte. Allerdings wurde es auch zur Mentalität jedes Fallschirmjägers, da sie hinter den feindlichen Linien, immer umgeben vom Feind und oft allein landeten.

Viele strebten danach, Fallschirmjäger zu werden, da die Army für einen Mannschafts- oder Unteroffiziersdienstgrad 50 Dollar pro Monat zusätzlich bezahlte (100 Dollar pro Monat für Offiziere) und 50 Dollar im Jahr 1942 entsprechen heute etwa 800 Dollar. Andere suchten das Abenteuer aus Flugzeugen zu springen, oder verspürten den Wunsch ihr Bestes zu geben und in einer Eliteeinheit mit anderen zusammen zu sein, welche gleiche Überzeugung hatten. Über 500 Offiziere meldeten sich freiwillig, aber nur 150 beendeten erfolgreich die Ausbildung. Von 5.800 angeworbene Freiwilligen wurden aber nur 1.800 Mann, nach erfolgreicher Ausbildung, in das Regiment übernommen.

Am 10. Juni 1943 wurden die Easy Kompanie und der Rest des 506. Parachute Infantry Regiments ein Teil der 101. Airborne und begannen ihr eigenes Rendezvous mit dem Schicksal.

Mount Currahee

Oberst Sink wollte, dass das 506. PIR, die besten Soldaten der Army stellte. Seine "Jungs" wurden als "Five-0-Sink" bekannt. Körperliches Training war ein sicherer Weg, um die Besten der Einheit zu finden. Die Männer des 506. PIR im Camp Toccoa waren bald sehr vertraut, mit dem steilen felsigen Mount Currahee Pfad, der sich auf fast 1.000 Fuß (304 Meter) erhebt.

Als die Männer im Camp Toccoa ankamen, wurden sie in Zelten untergebracht, die in ordentlichen Reihen im Schatten des Mount Currahee aufgestellt waren. Die Männer kämpften nicht nur gegen Hitze, Feuchtigkeit, Zecken und Mücken, sondern waren auch intensiven körperlichen Anforderungen ausgesetzt. Darunter auch dem Mount Currahee den sie manchmal zweimal am Tag laufen mussten - drei Meilen (fünf Kilometer) hoch, drei Meilen runter. Wenn ein Mann wegen einer Verletzung oder Erschöpfung ausfiel, durfte niemand Hilfe leisten. Es wartete ein Sanitätsfahrzeug auf die Erschöpften oder Verletzten. Dies war keine Zeit, die Aussicht von oben zu bewundern, schnell mussten sie die 3 Meilen wieder runterlaufen. Den Lauf in 50 Minuten zu schaffen war ein Muss. Der Rekord lag bei 42 Minuten, auch alle Offiziere liefen auf den Berg. In dieser Hinsicht, wurden alle gleich behandelt. Diejenigen, die nicht in der Lage waren den Berg Currahee zu laufen wurden von der Fallschirmjägerausbildung ausgeschlossen.

Das Camp Toccoa führte die Männer auch in die Grundlagen der Infanterie ein: Formal- und Exerzierdienst, Waffenausbildung, Karte und Kompass, Angriffs- und Verteidigungstaktiken im Trupp und großen Gruppenrahmen, sowie Schießausbildung. Es gab auch Unterrichte in: Militärische Formalitäten, Kriegsvölkerrecht, Truppenkunde, Wachdienst, Erste Hilfe, Leben im Feld, Uniformen, Aufklärung und Spionageabwehr.

Doch der Mount Currahee würde sich nicht als die größte Herausforderung für die Easy Kompanie in Toccoa erweisen. Die Easy Kompanie war die Kompanie die sich von den anderen Einheiten in Toccoa abhob. Das lag daran, dass der Kompaniechef der Easy Company Hauptmann Herbert M. Sobel war. Nach allem, was man hörte, war Sobel bei den Männern unter seinem Kommando sehr unbeliebt. Sobel würde die kleinsten Gründe finden, um Disziplinarmaßnahmen zu verhängen, wodurch die Soldaten Privilegien wie Wochenendausgang aus dem Lager verloren. Er konnte die Männer dazu zwingen, mehr körperliches Training durchzuführen. Die Männer verließen sich aufeinander, um dieses zu ertragen. Auch um die ständigen Inspektionen auf kleinste Verschmutzungen ihrer Ausrüstung oder Uniformen zu überstehen. Sobel machte ständig überraschende Inspektionen in den Kasernen, um weitere Gründe für die Bestrafung der Männer zu finden.

Sobel ließ die Männer am Freitagabend marschieren. Die anderen Kompanien durften sich die Nacht frei nehmen, um zu entspannen. Die Märsche begannen bei fünf Meilen (8 Kilometer), jede Woche fügte er fünf Meilen hinzu. Der längste Marsch war 50 Meilen (80 Kilometer) ohne Verpflegung, ohne Wasser, ohne sprechen und ohne anzuhalten. Hauptmann Sobel war am Ende jedes Marsches da, um die Trinkflaschen zu kontrollieren. Er wollte sicherstellen, dass niemand einen Schluck Wasser getrunken hat. Obwohl Sobels Ausbildung eine Belastung für die Easy Kompanie war, ist eines sicher: er trug dazu bei, dass ein Band der Kameradschaft entstand. Die Männer gewannen Vertrauen in ihre Fähigkeit, die harten Anforderungen zu ertragen und gemeinsam erfolgreich zu sein. Zusätzlich erkannten die Männer, dass sie körperlich sehr qualifiziert waren. Denn die Easy Kompanie hielt den Fitnessrekord im 506. PIR. Die Heeresverwaltung in Washington D. C. glaubte jedoch nicht, dass Ergebnisse so beeindruckend sein konnten. Sie schickten einen Offizier zu einer erneuten Überprüfung der Easy Kompanie. Bei dieser Überprüfung haben die Männer der Easy sogar noch mehr Punkte erzielt!

Der stellvertretende Kompaniechef der Easy Kompanie war Oberleutnant Richard "Dick" Winters, der Executive Officer (XO). Winters war ein Anführer. Die Männer vertrauten ihm und verließen sich auf ihn, an jedem Tag des harten Trainings und vor allem an allen Tagen mit harten Bestrafungen durch Sobel.

Die Easy Kompanie brauchte Leutnant Winters und er wird beweisen, dass er sie nie im Stich lassen würde.

Der Marsch nach Atlanta

Oberst Sink las einen Artikel in der Zeitschrift „Reader's Digest" über eine Einheit der japanischen Armee, die den Weltrekord für Marschieren hielt. Sink's fester Glaube an seinen Führungsstil und an seine Männer inspirierte ihn dazu, dass 2. Bataillon des 506. PIR aus dem Lager von Toccoa nach Atlanta marschieren zu lassen und das in der Zeit vom 1.-3. Dezember 1942. Der Marsch dauerte insgesamt 75 Stunden und 15 Minuten, davon waren über 33 Stunden anstrengendes Marschieren. Nur 8 Meilen (9 km) außerhalb von Toccoa, trafen die Marschierenden auf harte Wetterbedingungen. Es gab dicken Nebel, starken Regen, Schlamm bis zu den Knien und eisige Temperaturen in der Nacht und das alles bei einem Marsch von 38-40 Meilen (65km) pro Tag. Noch schwieriger war, dass sie ihre Ausrüstung einschließlich Gewehren, Mörsern, Zelten und Funkgeräten mit sich trugen. Die Männer trugen abwechselnd das 36-Pfund-Maschinengewehr und die 42-Pfund 60mm Mörser, damit kein Mann das Gewicht allein tragen musste.

Durch die Vereisung der Straßen erlitten einige Männer verstauchte Knöchel. Die Soldaten halfen beim Tragen der Ausrüstung ihrer verletzten Kameraden. Einige der Jungs trugen drei Gewehre gleichzeitig, dadurch konnten mehr Kräfte zur Unterstützung der Verletzten eingesetzt werden.

Als die Männer am ersten Tag den Marsch beendeten, hatte die Dunkelheit bereits die Landschaft überzogen. Die Soldaten kämpften damit sich warm zu halten. Vorschriften des Heeres verlangten von einem Fallschirmjäger, dass er jede Nacht seine Socken wechselt. Die Männer, die den Fehler machten, ihre Stiefel zum Schlafen auszuziehen, fanden ihre Lederschuhe am nächsten Morgen steif gefroren. Es dauerte mehrere Stunden, bis sich ihre Stiefel, während des Marschierens, wieder lockerten. So lernten sie, ihre Stiefel anzubehalten - sogar im Schlaf, bis sie in Atlanta angekommen waren. Manchmal mussten Regeln gebrochen werden, sogar unter den miserablen Wetterbedingungen hat Lt. Winters den Männern Mut gemacht und motivierte sie mit den Worten: "Hang tough" (haltet durch).

Am zweiten Tag verursachten die Schienbeinprotektoren des Gefreiten Don Malarkey so große Schmerzen, dass er auf seinen Händen und Knien kriechen musste, um zu seinem Essen zu gelangen. Sein Kamerad Warren "Skip" Muck sagte: "Kein Freund von mir kriecht irgendwo hin", und brachte Don sein Essen. Nachdem Malarkey Atlanta erreicht hatte, musste er drei Tage im Bett verbringen, da seine Beine so angeschwollen waren.

Die Männer des Bataillons waren nicht die einzigen auf dem Fußmarsch. "Draftee" (Wehrpflichtiger) ein braun-weißer Welpe, folgte den Männern auf ihrem Marsch für mehrere Meilen. Der Hund humpelte, also nahmen die Männer den Welpen auf und steckten ihn in den Rucksack von Private First-Class DeWitt Lowrey. Als die Easy Kompanie Fort Benning erreichte, die nächste Station auf dem Marsch nach Atlanta, wurde "Draftee" den Krankenschwestern auf dem Stützpunkt übergeben.

All diese Anstrengungen schreckten die Männer der Easy Kompanie nicht ab, denn man konnte sie singen und lachen hören und sie beschimpften den deutschen Diktator Hitler verbal. Diese frühen Prozesse, der harten Bedingungen, trugen nur dazu bei, dass sich das Band der Kameradschaft zwischen den Männern der Easy Kompanie, schließlich zu einer Bruderschaft entwickelte.

Als das 506. PIR in Atlanta eintraf, spielten High-School-Bands und die Menschen jubelten auf den Straßen. Zeitungen aus Atlanta führten einige Interviews mit den Männern und machten Fotos. Als sie in Atlanta unter diesem Jubel einmarschierten, vergaßen diese stolzen Fallschirmjäger ein wenig von den Schmerzen an ihren wunden Füßen, Beinen und Rücken. Sie marschierten direkt in die Rekordbücher und das mit herausgestreckter Brust und hoch erhobenem Kopf! Nur Zwölf der 556 Männer konnten den Marsch nicht beenden. Auch alle dreißig Offiziere beendeten den Marsch.

Oberst Sink war stolz.

LUFTLANDESCHULE

Nach dem Einmarsch in Atlanta bestieg die Easy Kompanie die Züge nach Fort Benning, Georgia, zum Fallschirm-Training. Dort angekommen, sahen sie sofort die vier gewaltigen 250 Fuß (76,5 Meter) hohen Türme. Von diesen konnte man das ganze Lager überblicken und drei davon sind auch noch heute in Gebrauch. Die Luftlandschule war in vier Bereiche unterteilt und nahm sechsundzwanzig Tage lang Unterricht, schriftliche Tests und praktische Übungen in Anspruch:

A-Phase: Die erste Woche war ein ständiges körperliches Training von acht Stunden pro Tag, sechs Tage pro Woche. Kraft und Ausdauer waren wesentliche Merkmale für Fallschirmjäger. Zusätzlich zu den üblichen Seilklettern, Liegestützen, Läufen bei Tag und Nacht wurde eine spezifische Ausbildung für Fallschirmjäger hinzugefügt: Das Judotraining. Es lehrte den Nahkampf, und das Üben der Landerollen („Parachute Landing Fall" abgekürzt PLF). Diese Ausbildungswoche war nicht nur eine Prüfung der körperlichen Fähigkeiten, sondern auch der geistigen Belastbarkeit. Nicht alle schafften einen so anstrengenden Trainingsplan und viele Männer der Fallschirmjägertruppe wurden so ausgemustert. Easy Kompanie und der Rest des 506. PIR kam in besserer Form als die Ausbilder in Fort Benning an. Die Ausbilder mussten überrascht zugeben, dass die Kompanie des 506. PIR diese Ausbildung überspringen konnte.

B-Phase: In dieser Woche ging es darum den Männern am Boden das Fallschirmspringen beizubringen. Sie lernten alle Teile des Fallschirms kennen, die richtige Körperhaltung beim Verlassen des Flugzeugs bis zur Landung und Durchführung der Landerollen. Die Landerolle ist die richtige Haltung eines Fallschirmjägers auf dem Boden und dient dazu mögliche Verletzungen zu minimieren. Diese waren für eine erfolgreiche Mission von großer Bedeutung. In dieser Woche wurde auch die 34-Fuß-Version (10 Meter) des Turmes durchgenommen. In Gurten, die um Schritt und Körper herumgeführt wurden, stiegen die Soldaten die Treppe des Turms hinauf, danach wurden sie an einem Geschirr und einer Rolle befestigt, welche vom Turm zu einer Sandgrube hinuntergleiten, ähnlich wie bei einer modernen Seilrutsche. Die Männer mussten in der Tür-Attrappe stehen, mit der richtigen Körperhaltung warten und auf Befehl springen. Die Männer fielen dann mehrere Meter tief und simulierten den freien Fall aus dem Flugzeug vor der Fallschirmöffnung. Der Riemenverschluss schnappte ein und sie fuhren das Drahtseil genannt "zip line" hinunter, um die Geschwindigkeit einer Landung zu simulieren, wobei sie bei der Landung eine richtige Landerolle machen mussten. Die "zip line" hatte verschiedene Winkel, so dass den Sprungschülern die Realität der unterschiedlichen Windverhältnisse, die die Landung beeinflussen, beigebracht werden konnte. Die Männer wurden nach allen Aspekten des "Sprunges" bewertet und wiederholten den Vorgang. Anfänglich wurde ihnen beigebracht, bei der Landung einen Salto zu machen, aber neue Taktiken, die von den Briten gelernt wurden, führten zur Entwicklung der PLF/Landerollen. Die Soldaten hielten ihre Füße und Knie zusammen und beugten die Knie leicht. Beginnend bei den Fersen aufwärts, durch gezielte Anspannung der Waden, der Oberschenkel und einer Seite des Oberkörpers, wurde der Landungsaufprall mit seitlichem Abrollen absorbiert.

C-Phase: Die Soldaten benutzten weiterhin die 34 Fuß Türme (10 Meter), den Hängegurttrainer und begannen die 250 Fuß Türme (76 Meter) zu benutzen. Auch der Einsatz des Mock-door-Trainers (Attrappen Türe) zur Simulation von Massenabsprüngen aus einem Flugzeug wurde fortgesetzt. Die Soldaten übten, übten und übten, bis jede Sekunde zwei Männer springen konnten. Je schneller sie aus dem Flugzeug sprangen konnten desto näher würden sie zusammen am Boden landen und desto schneller könnten sie sich sammeln, überleben und die Mission erfüllen.

Darüber hinaus lernten die Soldaten auch die Absprungphasen kennen: Ausstieg aus dem Flugzeug, Entfaltungsstoß und Fallschirmeinsatz sowie die Steuerung des Fallschirms bis zur Landung. Eine weitere kritische Fähigkeit, die erlernt wurde, war der Umgang mit einer Fehlfunktion des Fallschirms und der möglichen Entfaltung des Reserveschirms. Sie wurden auch im Pendeln (Hin- und Herpendeln) geschult und wie man sich vom gezogenem Fallschirm löst. Große Ventilatoren wurden eingesetzt um verschiedene Windstärken bei der Landung zu Simulieren. Das diente dazu, um dem Fallschirmjäger mit den Unwägbarkeiten vertraut zu machen, wie der Wind den Fallschirm bei Landung beeinflussen konnte. Danach rollte der Soldat seinen Körper ab, bis er wieder auf die Beine kam, er rannte zu seinem Fallschirm, welches ihm erlaubte die Luft aus der Fallschirmkappe zu lassen.

Die Männer hatten große Motivation, alle Einzelheiten des Fallschirmpackens genau zu lernen. Sie sprangen mit dem Fallschirm, den sie selbst gepackt haben!

SPRUNGWOCHE

D-Phase oder Sprungwoche: Um alle am Boden erlernten Fähigkeiten in die Praxis umzusetzen, mussten die Soldaten schließlich fünf Sprünge machen. Davon einen Sprung in der Nacht und zwei Sprünge mit voller Ausrüstung. Nachdem sie alle Schritte des Packens ihrer eigenen Fallschirme sorgfältig gelernt hatten, wurden sie in Gruppen von 18 bis 20 Mann in die Flugzeuge eingeladen. Die nervliche Anspannung begann sich aufzubauen.

Der Absetzer (Jump Master) ist entweder der Ausbilder oder im Kampf der führende Springer im "Stock". Jeder würde seinem Befehl folgen. Um den Lärm des Flugzeuges zu übertönen, musste der Jump Master schreien. Er schrie die Anzahl der Minuten die bis zum Erreichen der Absprungzone (Dropzone = DZ) noch verbleiben. Die Männer wiederholten lautstark die Minutenzahl, die sie gehört haben. Diese Wiederholung durch die Springer war unerlässlich, um sicherzustellen, dass jeder Mann im "Stock" die Befehle hörte und die Vorbereitung auf den Sprung koordiniert. Der Sprungmeister rief: "Macht euch bereit!"("get ready") und die Männer machten ihre Ausrüstung bereit und schlossen die Kinnriemen ihrer Helme.

Der Absetzer rief "Steh auf!" ("stand up"), die Männer schrien zurück, während sie aufstanden. Als nächstes wurde der Befehl "Hark dich ein!" ("hook up") gebrüllt. In seiner Hand hielt jeder Soldat einen Metallhaken fest, den er an einem Kabel befestigte, welches über die Länge des Flugzeuginnenraums über dem Boden verlief. Der Haken war an einer Aufziehleine befestigt, die zum Fallschirm auf ihrem Rücken führte. Nachdem die Männer gesprungen waren, führte der Sprung dazu, dass die Aufziehleine automatisch den Fallschirm aus dem Packsack zieht, damit sich der Fallschirm entfalten konnte.

Als die Männer eingehakt waren, rief der Absetzer: "Ausrüstungscheck" ("sound off for equiment check"). Die Männer prüften schnell, aber vorsichtig ihre Ausrüstung und die Ausrüstung ihres Kameraden vor ihnen, um sicherzustellen, dass alle Gurte geschnallt waren, die Ausrüstung fest verschlossen war und keine Gegenstände lose waren oder fehl am Platz. Die Überprüfung der Ausrüstung war für die Sicherheit der Männer und den Erfolg des Sprunges von größter Bedeutung. Die Männer meldeten von der Rückseite bis zur Vorderseite des Flugzeugs: "20 ok!", "19 ok!", und so weiter.

Der Absetzer schrie "Eine Minute!" ("one minute") und die Männer wiederholten dies. "Stell dich in die Tür!"("stand in the door") war der Befehl an den ersten Springer, und die Männer dahinter rückten näher an die Tür heran. "Los!"("go") und mit einem Klapps des Absetzers auf die Schulter der Soldaten schickte er den "Stock" in den blauen Himmel.

Die Soldaten zählten "eintausend ein, eintausend zwei, eintausend und drei" dann schauten sie auf, um sicherzustellen das der Fallschirm sich voll entfaltet hatte. Wenn der Hauptfallschirm nach drei Sekunden nicht entfaltet wurde, verlor der Soldat keine Zeit mehr und setzte den Reservefallschirm ein, der sich auf seiner Brust befand.

Je nach Tageszeit, Windgeschwindigkeit und Menge der getragenen Ausrüstung, wurden Trainingssprünge zwischen 600 und 1.500 Fuß (182 und 457 Meter) gemacht. Die Qualifikationssprünge erfolgten in der Regel aus einer Höhe von 1.000 Fuß (305 Meter). Die Springer konnten die Aussicht während des Abstiegs genießen und waren manchmal nahe genug zueinander, um ein Gespräch zu führen.

Es gab keine zweiten Chancen, für diejenigen die einen Sprung verweigerten. Jede Sekunde, die zwischen den einzelnen Springern verging, verursachte eine größere Distanz zwischen den Fallschirmjägern, nachdem sie einmal gelandet waren. Somit reduzierte sich die Chance das sich das gesamte „Stock" zusammen findet und die Mission beginnen konnte. Es mag zwar hart erscheinen aber das Verweigern beim Sprung zog eine sofortige Ablösung vom Springerlehrgang nach sich. Der abgelöste Soldat musste sofort die Kaserne verlassen und wurde in eine andere Heereseinheit versetzt. Es durfte kein Zögern geben, denn im Einsatz konnte ein Zögern Menschenleben kosten. Seit dem Zweiten Weltkrieg hat sich wenig geändert in Bezug auf die Ausbildung. Auch heute noch zählt Disziplin und Aufmerksamkeit zum Detail, für diejenigen die den Springerlehrgang bestehen wollen.

Für den Transport der Fallschirmjäger wurde das Transportflugzeug C-47 Skytrain (wie die Amerikaner es nannten) oder Dakota (wie die Briten es nannten) eingesetzt. Während des Zweiten Weltkriegs wurden über 10.000 Stück davon hergestellt. Neben dem Transport von Truppen konnte es auch Versorgungsgüter aus der Luft abwerfen oder ein Segelgleiter schleppen.

Die Army ermöglichte den meisten Männern das erste Mal in einem Flugzeug zu fliegen. Für einige wenige war es das erste Mal, dass sie überhaupt ein Flugzeug sahen. Diese Männer machten viele Übungssprünge, sowohl in Amerika als auch in Europa. Während sie zahlreiche Male in Flugzeugen gestartet waren, ist fast keiner von ihnen mit einem Flugzeug gelandet. Sogar nach dem Verlassen der Army und der Rückkehr in die Heimat. Denn selbst da waren sie immer mit dem Fallschirm abgesprungen!

Springerstiefel und Springerabzeichen

In den 1940er Jahren und auch heute noch, nahmen die Männer, die die Luftlandeschule erfolgreich abgeschlossen haben, an einer aufwendigen Abschlusszeremonie teil. Viele der Männer sagten, es sei einer der stolzesten Momente ihres Lebens gewesen. Den neuen Fallschirmjägern wurden ihre silbernen "Springerabzeichen" oder "Jump Wings", verliehen, welche auf der linken Brust befestigt wurden. Vielleicht noch wichtiger für die Männer war, sie durften ihre Springerstiefel außerhalb des Kasernengeländes tragen. Diese Springerstiefel zu tragen und ihre Hosenbeine in die Stiefel zu stecken (bekannt als "Blouse") unterschied die Fallschirmjäger sofort von ALLEN anderen Waffengattungen des Heeres. Und das war eine Quelle des Stolzes, welche die Fallschirmjäger sehr ernst nahmen. Um es milde auszudrücken: Diese Männer hatten hart gearbeitet, um sich das Recht zu verdienen ihre Hosenbeine in ihren Springerstiefel zu stecken!

Fallschirmjäger nannten alle anderen Soldaten "Beine"("Legs") was ein Slangbegriff für Nicht-Fallschirmjäger war, deren Hosen „geradbeinig" waren. Wenn Fallschirmjäger "Legs" sahen, die ihre Hosen in ihre Stiefel steckten, war es garantiert, dass es Beschimpfungen gab oder schlimmstenfalls eine Schlägerei.

Wenn Wochenendausgangsscheine ausgegeben wurden, waren oft Inspektionen durch den Sergeant vor dem Verlassen der Kaserne erforderlich. Alles musste perfekt auf der Uniform des Fallschirmjägers sein, besonders wenn sie in der Öffentlichkeit waren. Die Hosen und Hemden mussten rasiermesserscharfe Falten haben und die Springerstiefel mussten glänzen!

Die Springerstiefel wurden manchmal als Fallschirmjägerstiefel oder "Corcorans" bezeichnet, da sie von den Firmen Corcoran und Matterhorn hergestellt wurden. Fallschirmjäger schnüren ihre Stiefel "leiterförmig", eine Technik, die bei Fallschirmlandungen die Knöchel unterstützt. Corcoran stellen auch heute noch ihre Fallschirmjägerstiefel her.

Für jeden Einsatzsprung wurde ein Bronze-Stern am Springerabzeichen angebracht. Die meisten Männer der Easy Kompanie verdienten einen oder zwei Bronze-Sterne. Für die Sprünge in der Normandie und in Holland. Hauptmann Lewis Nixon war einer von vier Mitgliedern der Easy Kompanie (und einer der wenigen in der gesamten 101. Airborne), der drei Einsatzsprünge absolvierte und seinen dritten Bronze-Stern für sein Springerabzeichen erhielt. Nixon wurde während der Operation Varsity, der Luftlandeoperation zur Überquerung des Rheins nach Deutschland, vorübergehend der 17. Luftlandedivision unterstellt während sich die Easy Kompanie in Mourmelon, Frankreich, erholte.

Die anderen drei Mitglieder der Easy Kompanie, die sich einen dritten Stern an ihrem Springerabzeichen verdienen konnten, waren Landezonenaufklärer-Korporal Richard Wright, Unteroffizier Carl Fenstermaker und Gefreiter Lavon Reese. Landezonenaufklärer waren Freiwillige innerhalb der bereits aus freiwilligen bestehenden Fallschirmjägereinheiten. Sie hatten die spezielle Aufgabe eine Stunde vor allen anderen, in Gruppen von nur 8-10 Mann, mit dem Fallschirm abzuspringen, damit die nachfolgenden Einheiten genauer auf der Absetzzone (Dropzone DZ) landeten. Die Landezonenaufklärer benutzten spezielle Geräte, wie z.B. Funksender, um die Führungsflugzeuge zur Absprungzone zu leiten.

Aufnäher und Abzeichen

Der Para-Würfel-Patch

Dieses Design besteht aus einem Adler, der mit einem Fallschirm nach unten taucht. Das "Würfelpaar" zeigt eine "5" und eine "6", die Zahlen sind verbunden durch eine große, schwarze "0", somit ergibt sich 506. Dieses zusammengestellte Design stellt das 506.PIR als Fallschirmjägereinheit dar, die vom Himmel aus ins Gefecht geht. Nachdem das 506 PIR Teil der 101. Airborne wurde, wurde das Abzeichen zu einem nicht genehmigten Abzeichen. Aus Stolz ignorierten jedoch die Männer erneut die Vorschriften der Army und befestigten mit Ehrgefühl den Aufnäher auf der Vorderseite ihrer Sprunguniformen oder Lederjacken an.

Das unverwechselbare Einheitsabzeichen

Das blaue Feld auf diesem Metallabzeichen wird auch heute noch getragen und stellt die Infanterie dar, zu der das 506. PIR gehört. Der Donnerkeil repräsentiert damals wie heute die spezifische Bedrohung und Fähigkeit des Regiments, vom Himmel aus anzugreifen, mit Geschwindigkeit, Kraft und Überraschungseffekt. Sechs Fallschirme kennzeichnen das 506.PIR als das sechste Fallschirmregiment, das in der US-Army aktiviert wurde. Die grüne Silhouette am unteren Ende symbolisiert den Mount Currahee, den Ort der Aufstellung des Regiments in Toccoa, Georgia. Die Silhouette des Berges symbolisiert auch die Stärke, Unabhängigkeit und Fähigkeit des Regiments, "allein" („stand alone") gegen den Feind zu kämpfen, ein Charakterzug, für den die stolzen Fallschirmjäger bekannt sind.

Das Abzeichen der 101.Airborne

Der Patch der 101.Luftlandedivision (101. Airborne Patch) ist auch heute noch eines der am besten erkennbaren Schulterabzeichen in der US-Army. Dadurch wurde der Division der Spitzname "Screaming Eagles" gegeben. Der Adler ist eine Hommage an "Old Abe", einen 1861 geborenen, nach Präsident Abraham Lincoln benannten Weißkopfseeadler, den es wirklich gab. "Old Abe" war das Maskottchen des 8.Freiwilligen Infanterieregiments von Wisconsin, das während des Bürgerkriegs gegen die konföderierte Armee kämpfte. Und "Old Abe" war bei all ihren Kämpfen anwesend, getragen von einem Sergeanten auf einem speziellen Adlerstock.

1921 wurde die 101. Infanteriedivision als Reserveeinheit im Ersten Weltkrieg aufgestellt. Auch wenn die Einheit nie in den Kampf zog, wurde der Patch als Abzeichen verwendet. Als die 101. Airborne 1942 als Luftlandedivision reaktiviert wurde, wurde das "Old Abe"-Abzeichen mit seiner langen Geschichte auserkoren, um die 101. Airborne zu repräsentieren.

FREIHEITSSTATUE

Von Mai bis Juli 1943 wurden die Männer, per Bahn, verlegt, um sich mit anderen Einheiten der 101. Airborne für groß angelegte Manöver im Camp MacKall in North Carolina zu sammeln. Anschließend ging es nach Kentucky, Tennessee und Indiana. Diese Manöver waren die größte Übungen der Army für Fallschirmjäger. Aus einsatznahen Gründen schliefen die Männer in Zelten und aßen Feldrationen. Sie fragten sich, ob sie zum Kampf gegen die Deutschen in Europa oder gegen die Japaner im Pazifik verlegt werden.

Im August 1943 erhielten sie ihre Antwort. Die Männer der Easy Kompanie sammelten sich in Camp Shanks, New York, mit dem Rest der 101. Airborne, nicht weit entfernt von New York City. Die nächste Station war England, um sich auf den Kampf gegen die Deutschen vorzubereiten. Alle Angehörigen der 101. Airborne hatten ihre "Screaming Eagle"-Aufnäher zu entfernen und sie konnten ihre Springerstiefel nicht tragen, um zu verhindern, dass sie von deutschen Agenten beobachtet wurden. Die Deutschen wussten, dass eine Elite-Luftlandeeinheit für die Invasion nach Europa unterwegs war.

Hauptmann Sobel schrieb einen Brief an die Mütter der Soldaten, bevor sie abreisten:

Sehr geehrte Frau: Bald wird Ihr Sohn vom Himmel fallen, um den Feind anzugreifen und zu besiegen. Er wird die besten Waffen haben und die beste Ausrüstung. Er hat monatelanges hartes, anstrengendes Training absolviert, um ihn auf den Erfolg auf dem Schlachtfeld vorzubereiten. Ihre häufigen Briefe der Liebe und Ermutigungen wird ihm mit einem kämpferischen Herzen bewaffnen. Damit kann er nicht scheitern und er wird für sich selbst Ruhm erlangen. Sie werden stolz auf ihn sein und sein Land ist stets dankbar für seinen Dienst in der Stunde der Not.
Herbert M. Sobel, Hauptmann, Kommandant.

Die Männer bestiegen die lange, steile Gangway der S. S. Samaria. Die S. S. Samaria war für 1.000 Personen vorgesehen aber auf dieser Reise sollte sie 5.000 Personen befördern. Die Männer versammelten sich an der Schiffs Reling und winkten den Menschen in den Booten im Hafen zu. Kurz nach dem Auslaufen salutierte Bill Guarnere beim Vorbeifahren der Freiheitsstatue. Die S. S. Samaria war Teil eines großen Konvois von über 100 Schiffen und steuerte in einem Zickzack-Kurs, um deutsche U-Boote zu täuschen, da diese große Teile des Atlantiks beherrschten.

Zu jedem 4stöckigem Etagenbett wurden zwei Männer zugewiesen. In diesen hatten sie kaum genug Platz, um sich umzudrehen. Jeder Mann würde abwechselnd im Etagenbett oder auf dem Freideck unter den Sternen schlafen. Viele der Männer haben gelernt sich mehr am offenen Deck aufzuhalten als in den zu beengten Räumlichkeiten darunter.

Der Tagesablauf auf dem Schiff war alles andere als aufregend und auch die Essenszeit verbesserte die Situation nicht. Das Essen wurde von britischen Köchen zubereitet; dazu gehörten gekochter Fisch, Tomaten und dünne Brotscheiben. Unnötig zu erwähnen, dass die Mahlzeiten, die auf den Wellen des Ozeans stattfanden, nicht mit den Mägen der Amerikaner zusammenpassten. Die Männer suchten oft nach Schokoriegeln und Keksen, um nicht zu verhungern.

Die Duschen auf dem Schiff waren Salzwasserduschen und Trinkwasser stand nur wenige Stunden pro Tag zur Verfügung. Viele der Männer verzichteten auf ihre kalten Duschen und sie begannen zu stinken, besonders in den engen Räumen unter Deck. Zwischen Rettungsübungen und Waffeninspektionen verbrachten die Männer ihre Zeit mit Lesen, Gesprächen über Zuhause, Glücksspielen oder Kartenspielen.

Für fast jeden Mann war es die erste Reise außerhalb der Vereinigten Staaten. Als sie sahen wie Amerika, ihre Heimat am Horizont verschwand, füllten sich die Gedanken zweifellos an ihre Lieben zu Hause. Monate und Monate der Struktur während des Trainings wurden nun zu Tagen und Tagen der Unsicherheit, die auf dem offenen Ozean mit schwamm. Es dauerte zwölf Tage bis sie England erreichten.

Die Easy Kompanie kam dem Krieg näher.

Sobel und Winters, von Albourne nach Upottery

Easy Kompanie ließ sich in dem kleinen, ruhigen Dorf Albourne in Südengland nieder. Aber das Leben unter Sobels Herrschaft war alles andere als ruhig. Er brüllte die Männer ständig an und lächelte oder scherzte nie. Die kleinste Übertretung konnte für die Schuldigen den Latrinen-(Toiletten-)Dienst zur Folge haben. Leutnant Winters war immer noch der stellvertretende Kompaniechef und genau das Gegenteil von Sobel. Beide waren in ausgezeichneter körperlicher Verfassung, aber Winters war immer respektvoll und ruhig und in Bezug auf die Vorschriften der Army war er den Männern gegenüber fair. Auch wenn sie Sobels Wunsch bewunderten, dass die Easy Kompanie die beste der 101. Airborne sein sollte, empfanden die Männer, dass sich Winters im Gegensatz zu Sobel wirklich um ihr Wohlergehen bemüht war. Sie beobachteten die wachsende Feindseligkeit zwischen Sobel und Winters; die Kluft zwischen den verschiedenen Führungsstilen vergrößerte sich.

Die tägliche Ausbildung wurde jedoch fortgesetzt und intensiviert mit Nahkampf, Stellungsbau, Erster Hilfe, Führen mit Handzeichen und Wissen über chemische Kriegsführung. Das Sprungtraining wurde öfter mit voller Gefechtsausrüstung durchgeführt und die Männer übten das Ausweichen weg von Bäumen und Wasser durch Verwendung der Fallschirmgurte (Seile, die mit dem Fallschirm verbunden sind). Der Gefreite Rudolph Dittrich verstarb während des Trainings, als sein Fallschirm sich nicht öffnete und dies erinnerte jeden Fallschirmjäger daran, dass sein Einsatz mit zusätzlicher Gefahr gefüllt war.

Als die Tage sich in Wochen verwandelten wurden die Männer immer misstrauischer gegenüber Sobels Fähigkeit Übungen zu führen. Die Ausbildung erforderte Tage und Nächte im Gelände, Märsche durch den Wald, das Zusammenbleiben der Männer und in Stresssituationen immer Ruhe zu bewahren. Aber Sobel war laut, wenn er im Wald marschierte. Er verlor die Männer ständig durch ungenügendes Kartenstudium und er führte sogar seine Männer in Hinterhalte bei den Übungen. Im Krieg in einen Hinterhalt zu geraten würde Leben kosten! Wenn Sobel bei den meisten grundlegende Techniken versagte, die von einem Infanteristen verlangt werden, wie Kartenlesen und Taktik, wie könnte er die Männer während eines Gefechts führen? Dies war eine ständige Frage, die sich die Männer gegenseitig stellten. Der Kampf zwischen Sobel und Winters explodierte bald darauf und die Easy Kompanie würde für immer geändert werden.

Im Oktober 1943 befahl Sobel Winters, die Latrinen um 10.00 Uhr morgens zu inspizieren. Sobel hat dann die Zeit auf 9:45 geändert und Winters nicht informiert. Als Winters "zu spät" zur Inspektion kam, nahm Sobel Winters zur Strafe den Wochenendausgangsschein weg. Ein typischer Zug für Sobel. Aber Winters blieb standhaft und schrieb: "Ich beantrage einen Prozess vor dem Kriegsgericht wegen der nicht erfolgten Inspektion der Latrinen um 0945 (9:45 Uhr) dieses Datums." Seine kühne Forderung leitete eine formelle Untersuchung ein, was bedeutete, dass Winters zur Überwachung der Küche während der Prozesszeit eingeteilt wurde; eine demoralisierende Rolle für Winters, der nur bei seinen Soldaten sein wollte.

Die Unteroffiziere (NCOs Non Commissioned Officers) hatten jetzt genug! Nachdem Sobel versucht hatte Winters wegen einer so geringfügigen Sache wie einer Latrineninspektion zu disziplinieren, schrieben sie Versetzungsgesuche an Oberst Sink. Eine heikle Angelegenheit, da diese Aktion während einer Kriegszeit stattfand und dazu führen kann das sie wegen Verrats erschossen werden. Aber diese Aktion spiegelte wider, wie sehr die Unteroffiziere über die schlechten Führungsqualitäten Sobels empfanden, um sie auf den Krieg vorzubereiten.

Oberst Sink war wütend auf die Unteroffiziere! Sink degradierte einige von ihnen; andere versetzte er in andere Kompanien des 506.PIR. Am Ende wusste Oberst Sink, dass er Sobel nicht die Führung der Easy Kompanie überlassen konnte. Er versetzte den umstrittenen Kompaniechef in das Chilton Foliet Ausbildungslager in England um dort Zivilisten, wie Geistliche und Ärzte auszubilden, damit diese mit den regulären Einheiten abspringen konnten.

Leutnant Thomas Meehan wurde von der Baker-Kompanie versetzt, um die Easy Kompanie zu führen. Winters wurde zurück zur Easy Kompanie gebracht und wurde zum Führer des 1. Zuges. In die Easy Kompanie kehrte endlich Ruhe ein und sie war nun auch in guten Händen. Es war ein bedeutender Schritt, weil die Männer am 29. Mai 1944 auf Lastwagen verladen wurden und Aldbourne verließen, um sie weiter nach Süden zum Flugplatz Upottery zu verlegen, wo Reihen von C-47 auf die Fallschirmjäger warteten. Die Männer ließen alles nicht unbedingt notwendige Gepäck zurück.

Der Krieg kam noch näher.

WAFFEN

Der **M-1 Garand** war das wichtigste Infanteriegewehr, das von allen Teilen der Streitkräfte im Zweiten Weltkrieg eingesetzt wurde. Ungefähr 5.400.000 wurden während des Krieges hergestellt und waren fast 30 Jahre lang in Gebrauch, bis weit in die 1960er Jahre hinein. Der berühmte General George S. Patton nannte sie "das größte Kampfgerät, das je entwickelt wurde." Von oben mit einem acht Schuss Clip geladen und fast 10 Pfund schwer, hatte es eine effektive Reichweite von 500 Yards. (457 Meter)

Über 1.500.000 der **Thompson-Maschinenpistolen**, die den Spitznamen "Tommy Gun" tragen, wurden während des ZWEITEN WELTKRIEGES produziert. Die Thompson, die ein 20-Schuss-Magazin hatte, war eine wertvolle Waffe für diejenigen, die das Glück hatten, eines zu bekommen. Oft erhielten Unteroffiziere es, aber auf Patrouillen zog man es vor, eine solche zu haben, da sie schnell feuern und in einem Bereich von 50 bis 75 Metern wirksam war, obwohl sie eine wirksame Reichweite von etwa 150 Metern hatte.

Der **60-Millimeter-Mörser M-2**, der an den schweren Zug angehängt war, erforderte einen Trupp von 3-4 Mann, um ihn erfolgreich zu bedienen. Während des Zweiten Weltkrieges wurden etwa 60.000 davon hergestellt. Er wurde abgefeuert indem die Mörserpatrone in das Rohr gesteckt wurde. Nach ein paar Sekunden wird der Schuss automatisch abgefeuert. Diese schwere Waffe war für die Fallschirmjäger, die keine gepanzerte Unterstützung hatten, unerlässlich. Der Mörser war bemannt mit einem Truppenführer, einem Schützen und einem Ladeschützen und manchmal waren auch Munitionsträger zu der Truppe angeordnet. Der Mörser wurde in drei Teile zerlegt; die Bodenplatte, das Rohr und das Zweibein, die alle insgesamt 42 Pfund wogen. Jede Mörsergranate wog drei Pfund und hatte eine Reichweite von 200 bis 2.000 Metern, je nach Winkel des Rohres. Eine ausgebildete Mannschaft konnte 18 - 20 Schuss pro Minute abfeuern. Da der Mörser in einem nach oben gerichteten Bogen abgefeuert wurde, war er eine wirksame Waffe, wenn die Ziele durch das Gelände verdeckt waren, wie Wälder, Gebäude oder auf der anderen Seite von Dämmen (so wie in den Niederlanden).

D-Day – Übersicht

Die Invasion auf dem europäischen Festland während des Zweiten Weltkriegs war die größte militärische Operation aller Zeiten und wurde fast ein Jahr lang Stufenweise geplant. Amerikanische Soldaten, die etwa 1.400.000 Mann zählten, waren in Großbritannien eingetroffen. Der Angriff war bereit, weitere 600.000 Soldaten aus Großbritannien, Kanada, Australien, Belgien, Frankreich, den Niederlanden, Polen, Neuseeland, Norwegen, Griechenland und der Tschechoslowakei gehörten ebenfalls zur Invasionstruppe.

Operation Overlord war der Deckname für die Invasion in der Normandie in Frankreich. Es war die Operation der Alliierten, die die Invasion am 6. Juni 1944 (D-Day) startete gegen das von den Deutschen besetzte Europa. General Dwight Eisenhower (späterer Präsident der Vereinigten Staaten) befehligte die Streitkräfte aller Nationen.

Alle Informationen über die Invasion wurden mit "BIGOT" gekennzeichnet, eine höhere Klassifizierung als "Top-Secret". "BIGOT" (British Invasion of German Occupied Territory) stand für britische Invasion im von Deutschen besetzte Gebiete. Der britische Premierminister Winston Churchill schuf das Akronym "BIGOT" noch bevor Amerika in den Krieg eintrat und es blieb eine Sicherheitsprüfung nachdem Eisenhower das Kommando hatte. Jede Person mit Wissen über die D-Day-Operation wurde der "BIGOT-Liste" hinzugefügt. Die auf der Liste aufgeführten Personen durften nicht außerhalb des Vereinigten Königreichs reisen, da sie gefangen genommen werden konnten und dazu gebracht werden Geheimnisse zu enthüllen. Natürlich war Churchill selbst die einzige Ausnahme von diesem Reiseverbot.

Die Alliierten führten von April 1944 bis zum Beginn der Invasion im Juni mehr als 3.200 Fotoaufklärungsflüge durch und fotografierten die Küstenlinie in niedriger Höhe um den Truppen das Gelände, die Hindernisse am Strand, die Verteidigungsanlagen wie Bunker und Geschützstellungen zu zeigen. In dem Bemühen, die Deutschen weiter zu täuschen und den wahren Ort der Invasion zu verschleiern, mussten die Flugzeuge die gesamte europäische Küste überfliegen.

Die Deutschen wussten zwar das eine Invasion bevorsteht, konnten aber den genauen Ort nicht bestimmen. So befahl Adolf Hitler dem deutschen Feldmarschall Erwin Rommel die Schaffung von Befestigungsanlagen entlang der gesamten Küste in Erwartung eines Angriffs: den Bau einer "Atlantik Mauer" des sogenannten Atlantikwall. Diese "Mauer" war 2.400 Meilen (3862.426 Kilometer) lang und bestand aus Betonbunkern, Stacheldraht und Maschinengewehren. Rommel schuf auch Stahlhindernisse, um zu verhindern das Schiffe am Strand landen konnten und die Panzer das Gelände durchqueren können. Zusätzlich positionierte Rommel über 5.000.000 Landminen entlang der Front mit der einzigen Absicht jeden Angriff abzuwehren und die feindlichen Truppen zurück in den Atlantischen Ozean zu drängen.

Die Alliierten nutzten den berühmten General George Patton um die Deutschen davon zu überzeugen das die Invasion am Pas de Calais Frankreich stattfinden würde ; ein logischer Standort, da es die kürzeste Entfernung zwischen England und Frankreich war. Eine Gruppe von 1.100 Spezialisten entwickelte einen ausgeklügelten Täuschungsplan aus aufblasbaren Panzern und Flugzeugen, damit sie von deutschen Flugzeugen bei Aufklärungsflügen gesehen wurden. Zu ihrer List kam noch hinzu, dass sie gefälschte Funkmeldungen initiierten, um Bewegungen großer Truppenverbände in dem Gebiet zu simulieren. Die entworfene List hatte das gewünschte Ergebnis, da sich 150.000 deutsche Truppen, plus Panzer, wochenlang im Gebiet von Pas-de-Calais aufhielten, um sie aus dem Kampf in der Normandie herauszuhalten.

Als der Zeitpunkt für den Angriff näher rückte, wählten Eisenhower und seine alliierten Kommandeure einen 50-Meilen-Küstenabschnitt (80 Kilometer) in der Normandie als Ort der Invasion aus. Die Amerikaner sollten in den Abschnitte Utah und Omaha landen, die Briten in Sword und Gold und die Kanadier bei *Juno*.

D-Day - Übersicht (Seite 2)

Sie stehen kurz vor dem Beginn des großen Kreuzzuges, auf den wir in diesen vielen Monaten hingearbeitet haben. Die Augen der Welt sind auf Ihnen. Die Hoffnungen und Gebete der freiheitsliebenden Menschen überall marschieren mit Ihnen. Zusammen mit unseren tapferen Verbündeten und Waffenbrüdern an anderen Fronten werden Sie die Zerstörung der deutschen Kriegsmaschinerie, die Eliminierung der Nazi Tyrannei über die unterdrückten Völker Europas und Sicherheit für uns selbst in einer freien Welt bringen.
— *Eisenhower, Brief an die alliierten Streitkräfte*

Da ein Vollmond erforderlich war, um den Fallschirmjägern die Sicht auf die Absprungzonen zu erleichtern, standen nur eine begrenzte Anzahl von Nächten in jeden Monat zur Verfügung. Zusätzlich, um die zahlreichen deutschen Hindernisse und Minen entlang der Küste zu vermeiden, brauchte der erfolgreiche Angriff auch eine hohe Meeresströmung, was die Möglichkeiten auf dem Kalender weiter einschränkte. Der ursprüngliche Termin für die Invasion war für 5. Juni geplant, aber das schlechte Wetter drängte sie auf den 6. Juni.

Vor der Invasion führten 1.000 Bomber pro Tag Luftangriffe auf Deutsch besetzte Flugplätze, Brücken, Eisenbahnen und militärische Einrichtungen in Frankreich. Aufgrund dieser Strategie war die deutsche Luftwaffe am D-Day im Grunde nicht existent; noch mehr beeindruckender war die Tatsache, dass keine alliierten Flugzeuge im Luftkampf abgeschossen wurden.

Vor D-Day gingen 24.000 Fallschirmjäger mit ihren Sprüngen den Strandinvasionen voraus. Die britische 6. Luftlandedivision war die dritte Luftlandeeinheit, neben der 82. und 101. US-Luftlandedivisionen. Aufgrund des schweren deutschen Flugabwehrfeuers landeten nur 15% der Fallschirmjäger auf den geplanten Absetzzonen. Obwohl sie verstreut waren, sammelten sich die Fallschirmjäger aus verschiedenen Einheiten zu Kampfgruppen zusammen und bewegten sich auf ihre korrekten Ziele zu.

Die verstreuten Landungen hatten den Nebeneffekt, dass die Deutschen hinsichtlich der genauen Lage der Absprungzonen, wie z.B.: die Stärke der abgesetzten Fallschirmjäger und auch im Bezug der genauen Standorte der Abwürfe, total verwirrt wurden. Ein weiteres Täuschungsmanöver bestand darin, hunderte von sandgefüllten Attrappen, genannt "Ruperts" mit dem Fallschirm abzusetzen, um die Deutschen von den wirklichen Absprungzonen abzulenken. Diese Attrappen ähnelten den echten Fallschirmjägern sehr stark, und da einige beim Aufprall auf den Boden explodierten entstand auf Seiten der Deutschen zusätzliches Chaos. Der Beschuss von See durch fünf riesige Schlachtschiffe, zwanzig Kreuzer, fünfundsechzig Zerstörer und zwei britische Beobachtungsschiffe begann um 5:45 Uhr und dauerte bis 6:25 Uhr. Kurz danach kamen über 4.000 Landungsboote vom Meer aus an mit 132.000 Männern.

All diese Feuerkraft reichte jedoch nicht aus, um die erheblichen Verluste an Menschenleben am Omaha Beach, dem am schwersten verteidigten Sektor, zu stoppen. Die 1. US-Infanteriedivision, verstärkt durch Truppen der 29. US-Infanteriedivision, stand einer ganzen deutschen Division gegenüber und nicht wie erwartet einem einzelnen Regiment. Konfrontiert mit dem starken Abwehrfeuer von den Klippen, waren die US-Verluste an diesem Abschnitt größer als an allen anderen Landungsabschnitten zusammen.

Neben der Strategie spielte das Schicksal eine enorme Rolle für den Ausgang der Schlacht. Die Alliierten profitierten von der Tatsache, dass die Deutschen ohne einige wichtige Entscheidungsträger in der Führung waren. Sie glaubten, dass das Meer für die Alliierten zu rau wäre, um zu landen und Feldmarschall Rommel befand sich auf Heimaturlaub in Deutschland, weil seine Frau Geburtstag hatte. Außerdem konnte nur Hitler die Freigabe der deutschen Panzerreserven befehligen und aus Angst vor seinem Zorn wollte ihn niemand wecken, um ihm die Invasion zu melden. Denn Hitler schlief an diesem Tag bis gegen Mittag, die deutschen Panzerreserven erreichten somit das Schlachtfeld erst mit Verspätung.

Während der D-Day insofern ein Erfolg war, als er einen Brückenkopf für den Transport von Truppen, Ausrüstung und Nachschub auf das Festland schuf, war der Verlust an Menschenleben sehr hoch. Allein an diesem Tag fielen über 9.000 alliierte Soldaten oder wurden verwundet.

D-Day – Easy Kompanie

Vor der Mission bereiteten die Köche eine wunderbare Mahlzeit für die Easy Kompanie zu: Steak und Kartoffeln, Erbsen, Brot mit Butter und zum Dessert - Eiscreme! Es war die beste Mahlzeit die ihnen die Army je gegeben hatte.

Die Männer tarnten ihre Gesichter mit Schuhcreme. Die Fallschirmjäger hatten zusätzlich noch große Taschen an Hosen und Jacken für die benötigte Ausrüstung, da keine Vorräte verfügbar waren, wenn sie hinter den feindlichen Linien landeten. In ihren Hosentaschen hatten sie K-Rationen, ein Paket mit eisernen Rationen das drei Tage reichen sollte. In Rucksäcken, den so genannten Musettentaschen, trugen sie einen Poncho, eine Decke, Toilettenartikel und ein Kochgeschirr (Teller, Löffel, Becher). Das Koppel um ihre Taille enthielt zehn Ladestreifen mit M-1-Gewehrmunition (insgesamt 80 Schuss), eine kleine Schaufel (Schanzmittel), eine Feldflasche, ein Bajonett und eine ABC-Schutzmaske (die die Männer nach der Landung weggeworfen haben). Die meisten Männer trugen Koppeltragegestelle mit Granaten und einer Pistole. Fallschirmjäger befestigten ihr Messer mit fester Klinge an der Seite ihres Stiefels und ein kleines Schnappmesser in einer Reißverschlusstasche neben dem Jackenkragen. Dieses Messer war leicht zugänglich, falls sie in einem Baum landen und die Fallschirmgurte durchschneiden mussten, um wieder herunterzukommen. Sie würden auch 33 Fuß (ca. 10 Meter) Seil mittragen, um nach der Landung in einem Baum wieder herunterzukommen.

Zu all dieser Ausrüstung gehörten auch der Stahlhelm, ein Hauptfallschirm auf dem Rücken, ein Reservefallschirm auf der Brust und eine gelbe Schwimmweste. Die Maschinengewehrschützen und Mörser hatten auch ihre eigenen Waffen. Ihre Munition wurde auf andere aufgeteilt, um beim Tragen zu helfen. Sanitäter und auch die Funker hatten ihre spezifische Ausrüstung. Mit all dieser Ausrüstung war es schwierig, überhaupt zu gehen. Manchmal brauchte man zwei bis vier Mann, um nur einem Mann zu helfen an Bord der C-47 zu steigen.

Die Fallschirmjäger erhielten ein kleines Kinderspielzeug, "Grille" genannt. Beim Drücken wurde ein "Klick-Klack"-Geräusch erzeugt. Eine Landung in der Dunkelheit machte es sehr schwierig Freund und Feinde zu identifizieren. Ein Fallschirmjäger klickte einmal und die andere Person zweimal, dann wussten beide, dass es sich um einen Freund handelte. Ohne „Grille" verwendeten die Männer am D-Day Passwörter. Der fragende Soldat sagte "Blitz" und der Angesprochene musste mit "Donner" antworten. Die Parolen wurden dann täglich geändert.

Kurz nach Mitternacht starteten die Formationen der C-47. Die Flugzeuge fügten sich in Formationen wie die Form eines "V" zusammen, drei Sets von "V" Formationen sind zusammen geflogen, um eine größeren V-Formation zu erstellen. Gedimmte rote Lichter im Inneren des Flugzeugs erhellten die Gesichter der Männer. Die lauten Motoren machten das Sprechen unmöglich. Nur wenige der Männer schliefen. Einige beteten. Alle waren in Gedanken versunken, was wohl ihre ersten Kampferfahrungen bringen würden. Die Deutschen warteten hinter ihrem "Atlantikwall".

Kurz vor dem Einsteigen in die C-47 fand Bill Guarnere, der Soldat, der die Freiheitsstatue begrüßt hatte, zufällig heraus, dass sein Bruder bei den Kämpfen in Italien getötet worden war. Nun wollte er Rache. Und bei den Kämpfen in der Normandie verdiente er sich seinen Spitznamen "Wild Bill," weil er teilweise Rache an den deutschen Soldaten dafür nahm.

Als sich die Flugzeuge der Küste näherten, begann das Flugabwehrfeuer den Himmel zu erreichen. Die Männer konnten Schrapnell-Stücke hören, die gegen das Metall des Flugzeuges schlugen. An einigen Stellen konnten sie große Einschusslöcher sehen, die sich durch den ganzen Boden bis zum Dach des Flugzeuges ihren Weg suchten. Vom Boden kommend war jedes dritte oder vierte Geschoss eine grüne oder rote Leuchtspur, der den Deutschen beim Beschuss in der Dunkelheit half.

Die Piloten steuerten die Flugzeuge nach links und rechts, nach oben und unten, versuchten zu vermeiden getroffen zu werden und setzten die Fallschirmjäger überall ab. Das Gefühl der Hilflosigkeit war überwältigend. Tausende von ungeduldigen Fallschirmjägern wollten aus diesen Flugzeugen aussteigen. Als die grünen Lichter im Inneren aufleuchteten, haben die Männer keine Zeit verschwendet, um zu springen! Instinktiv haben viele der Piloten die Geschwindigkeit der Flugzeuge erhöht, um dem Abschuss zu entgehen. Die Soldaten sprangen aus dem zu schnell fliegenden Flugzeug ab, sodass es ihnen die Ausrüstung und die Waffen vom Körper riss. Sie landeten umgeben vom Feind, im Dunkeln, allein und nur mit einem Messer am Stiefel. Wieder andere sahen, wie die Leuchtspurgeschosse Löcher durch ihre Fallschirme brannten, als sie zu Boden schwebten, ein weiteres sehr hilfloses Gefühl. So viele Ausweichmanöver der Piloten bedeuteten, dass fast alle an der falschen Stelle abgesprungen waren.

General Taylor, Kommandeur der 101. Airborne, versprach nur drei Tage und drei Nächte der Kämpfe…aber es kam anders.

BRÉCOURT MANOR

Die Easy Kompanie sollte um das Dorf St. Marie-du-Mont herum landen, aber die meisten Fallschirmjäger waren verstreut mit der Aufgabe, sich zu Fuß zur eigenen Truppe durchzuschlagen.

Leutnant Winters fand eine Gruppe Soldaten des 2. Bataillons im Weiler Le Grand Chemin. In diesen Tagesstunden des 6. Juni 1944 war Winters der ranghöchste Offizier der Easy Kompanie. Die meisten seiner Männer waren jedoch nirgendwo zu finden. Zu dieser Zeit war noch nicht bekannt das Stock Nr. 66 mit dem Kompaniechef der Easy, Leutnant Thomas Meehan, abgeschossen worden war. Es gab keine Überlebenden.

Winters erhielt den Befehl, eine deutsche Artilleriebatterie auszuschalten, die vom Strandabschnitt Utah auf US-Truppen schoss, etwa drei Meilen von der Küste entfernt. Die Batterie, die sich auf dem Hof Brécourt Manor befand, war der Aufklärung durch die Geheimdienste vor der Invasion entgangen.

Mit nur wenig Informationen darüber, ging Winters, der immer an der vordersten Front war, auf eigene Faust los, um Aufklärung zu betreiben. Er fand vier deutsche 105mm-Kanonen, verbunden durch eine Reihe von Gräben. Die Kanonen wurden von etwa 60 deutschen Soldaten verteidigt. Die Chancen waren nicht zu Winters' Gunsten und er wusste, dass ein Überraschungsangriff sein größter Trumpf bei diesem Angriff sein würde.

Winters teilte seine zwölf Männer in zwei Gruppen auf und befahl zwei Maschinengewehre aufzustellen, mit dem Ziel die Aufmerksamkeit der Deutschen auf sich zu ziehen. Winters begann den Angriff mit "Folgt mir!" Winters und seine Männer rückten vor, kauerten in den Gräben, um nicht entdeckt zu werden. Bewaffnet mit Granaten und Gewehren, konfrontierten sie die Deutschen an der ersten Kanone. Jede der vier Kanonen musste nacheinander zerstört werden, gleichzeitig mussten sie sich gegen die deutschen Truppen verteidigen, die auch ihre eigenen Maschinengewehre in Stellung gebracht hatten.

Nach und nach legten die Amerikaner einen Block TNT in das gegnerische Kanonenrohr und zündeten das TNT mit Granaten, wodurch die Kanonen zerstört werden konnten.

Später kamen sechs Männer aus den Kompanien Dog, Fox und dem Hauptquartier (HQ) als Verstärkung und das letzte Geschütz konnte eliminiert werden.

Winters fand eine deutsche Karte, auf der alle Artillerie- und Maschinengewehrstellungen im Gebiet der Normandie eingezeichnet waren. Diese unschätzbar wertvolle Information wurde Winters' Freund und S2 Nachrichtenoffizier, Leutnant Lewis Nixon, übergeben.

Für seine herausragende Führung empfahl Oberst Sink Winters für die Ehrenmedaille, aber dies wurde herabgesetzt auf die nächst höchste Auszeichnung: das Distinguished Service Cross. Für diese Aktion wurden auch folgende Medaillen verliehen:

SILVER STAR (SILBERNER STERN)

Leutnant Lynn "Buck" Compton, Unteroffizier William "Will Bill" Guarnere, PFC Gerald Lorraine

BRONZE STAR (BRONZE-STERN)

Feldwebel Carwood Lipton, Gefreiter Robert "Popeye" Wynn (Purple Heart), Gefreiter Cleveland Petty, Gefreiter Walter Hendrix, Gefreiter Don Malarkey, Gefreiter Myron Ranney, Hauptgefreiter Joseph Liebgott, Hauptgefreiter John Plesha, Hauptgefreiter Joe Toye, Obergefreiter John D. Hall (im Kampf gefallen (KIA), Purple Heart), Unteroffizier Julius "Rusty" Houch (KIA, Purple Heart)

Winters sprach über die Ereignisse: *Jahre später hörte ich von jemandem, der vom Strand auf diesem Damm heraufgekommen war. Dieser Typ, ein Sanitäter, war hinter einigen Panzern hergefahren. Als sie vom Strand heraufkamen, wurde einer der Panzer gestoppt. Als der Fahrer ausstieg ist er auf eine Mine getreten. Die Sanitäter gingen ins Gelände und flickten den Kerl zusammen. Später, nachdem mein Buch herauskam (1992), schrieb mir der Sanitäter, der den Mann zusammengeflickt hat, einen Brief und wies darauf hin, dass er sich immer gefragt habe, warum das Feuer am Strand von Utah aufgehört habe. Er sagte "Vielen Dank, Ich hätte es nicht geschafft, ohne dass diese Geschütze außer Gefecht gesetzt wurden." Dieser Arzt wurde später Justizminister der USA. Also haben wir ein wenig Gutes getan da draußen für die Truppen, die am D-Day eintrafen, was ein ziemlich gutes Gefühl ist.* (amerikanisches Geschichtsmagazin, August 2004, von Chris Anderson).

CARENTAN

Am 12. Juni kam die Easy Company und das 506. PIR nach Carentan. Die Stadt wurde von den Deutschen gehalten, die Amerikaner versuchten verzweifelt die Kräfte der Strände von Omaha und Utah zu bündeln.

Leutnant Winters gab den Befehl für die Easy, den Angriff im Morgengrauen zu starten. Die Easy Kompanie betrat die Stadt über eine leicht geneigte Straße, die zu einer T-Kreuzung führte. Die Soldaten stürmten die Straße hinunter, als ein deutsches Maschinengewehr das Feuer eröffnete, zusammen mit Gewehrfeuer aus dem Gebäude direkt vor ihnen. Easy ging in den Gräben in Deckung und sie lagen dort wie „sitzende Enten". Winters wusste, dass seine Männer sich bewegen mussten, er stand mitten auf der Straße, schrie verzweifelt, packte und trat die Männer buchstäblich mit den Füßen, um sie zum vorwärts gehen zu bewegen. Erstaunlicherweise wurde Winters nicht von den fliegenden Kugeln getroffen, die in den Boden um ihm herum einschlugen. Seine fassungslosen Männer sahen ungläubig zu. Normalerweise ist er selbst unter Druck ruhig, dies war eine Seite von Winters, die sie noch nie gesehen hatten, die Männer waren jetzt motiviert, um für den Angriff weiterzumachen.

Dank der schnellen Aktion von Leutnant Harry Welsh, der das deutsche Maschinengewehr mit einer Granate im Alleingang ausschalten konnte, hatte die Easy die Kreuzung erfolgreich genommen. Winters bewies einmal mehr seine Führungsqualitäten, indem er seinen Soldaten als Inspiration diente. Die Easy Kompanie zog dann von Gebäude zu Gebäude, um die Deutschen in die Flucht zu schlagen. Dies war jedoch nur der Anfang denn die Easy erkannte, dass sie es mit ihren Kontrahenten zu tun hatten, den deutschen Fallschirmjägern. Dieser erste Angriff hinterließ zehn Verwundete darunter einen schwer verwundeten Ed Tipper.

Winters fand einen verwundeten Soldaten in der Verwundeten Sammelstelle, es war Gefreiter Albert Blithe. Auf die Frage, wo er verwundet sei, antwortete Blithe seinen Kompaniechef mit der Erklärung, er könne nicht sehen. Blithe litt an einer Krankheit, die als "hysterische Blindheit" bekannt ist. Ein Zustand, der durch den Stress in einem schweren Gefecht hervorgerufen werden kann. Winters gab Blithe ein paar beruhigende Worte. Einen Augenblick später stand Blithe auf und freute sich, dass er wiedersehen konnte. Zu Winters' Fähigkeiten gehörten auch seine ermutigenden Worte. Dieser jungen Soldat erholte sich von dem Schock des Kampfes und schloss sich wieder seinen Kameraden an. Der Kampf kann dem Geist und dem Körper seltsame Dinge antun.

Bis weit in den nächsten Tag hinein verfolgten die Easy Kompanie und der Rest des 506.PIR die Deutschen hartnäckig am Rande von Carentan. Während der letzten Gefechte um die Stadt stürmte ein deutscher Panzer auf die Linien der Easy Kompanie zu. Leutnant Welsh und Gefreiter John McGrath rannten heldenhaft in das offene Gelände und direkt in den Weg des entgegenkommenden Panzers. Sie feuerten eine Panzerfaust in die ungepanzerte Unterseite des Panzers, bis dieser vollkommen vernichtet war. Mit der Ankunft der US 2nd Armored Division und ihrer Panzer drängten die Amerikaner die Deutschen erfolgreich aus Carentan.

Carentan würde die letzte Schlacht für die 101. Airborne in der Normandie sein. Für die Easy war es eines der intensivsten Gefechte, dass sie während des Krieges führten. Die Männer waren schmutzig, müde und hatten seit Wochen nicht mehr geduscht. Am 1. Juli wurde Winters mitgeteilt, er sei befördert worden zum Hauptmann, einen Rang, den er seit dem 6. Juni als De-facto-Kompaniechef der Easy innehatte.

General Taylor hatte den Männern nur drei Tage Kampfzeit versprochen. Aus drei Tagen waren fünfunddreißig Tage harter Kämpfe geworden. Die Rückkehr nach England würde auf dem Wasser erfolgen, und die Easy Kompanie wurde auf ein LST (Landing Ship Tank) verladen und nach Aldbourne übersetzt. Die gesamte 101. Luftlandedivision würde für ihre Aktionen in der Normandie mit der Distinguished Unit Citation ausgezeichnet werden.

Der Einsatz hatte die Easy Kompanie fast 50% ihrer Männer gekostet.

WÄSCHEREI

Als die amerikanischen GIs (Slang Ausdruck für amerikanische Soldaten "Government Issue" Regierungsausgabe) 1944 im Vereinigten Königreich ankamen, kämpften die Briten seit 1939 gegen Deutschland. Ein Teil des deutschen Plans in ihrem Kampf gegen Großbritannien war der Einsatz von U-Booten, um die Schiffe, die Versorgungsgüter auf die Insel bringen, zu versenken, wodurch sich der Bedarf an notwendigen Gütern, insbesondere an Lebensmitteln, stark verringerte. Deutschland dachte, sie könnten die Briten aushungern lassen und somit Unterwerfen. Als Ergebnis war bereits fast alles rationiert: Benzin, Speck und Schinken, Butter, Zucker, Fleisch, Tee, Gelee, Käse, Eier, Milch, Obst, Seife, Papier und Kleidung. Selbst Weihnachtsbäume waren aufgrund der Holzrationierung kaum zu finden.

Jeder an beiden Seiten des Atlantischen Ozeans fand die Beschaffung dieser Artikel sowie vieler Luxusgüter am schwierigsten. Fast jeder Haushaltsgegenstand wurde für die Kriegsanstrengungen benötigt und jeder wurde für das Ziel den Krieg zu gewinnen, geopfert. Die Rationierung in England hat nicht mit der letzten Schlacht geendet. Der Krieg erforderte so viele Güter, dass die endgültige Rationierung acht Jahre nach Kriegsende, 1953, abgeschlossen wurde.

Die GIs erhielten deutlich mehr Sold als ihre britischen Kameraden, so dass die Amerikaner in der Lage waren, solche Grundversorgungsleistungen zu erhalten. Wie zum Beispiel die Nutzung einer Wäscherei, während sie in den Städten und Dörfern auf dem englischen Land stationiert waren. Im Gegenzug konnten die Einheimischen zusätzlich Geld verdienen.

Manchmal hinterlassen Ereignisse außerhalb des Gefechts ebenso unauslöschliche Spuren wie die auf dem Schlachtfeld. Malarkey fand sich in einem dieser Momente. Zurück in Aldbourne besuchte Malarkey die Frau, die einige von Easy's Wäsche und ihre Uniformen reinigte. Bevor Malarkey gehen konnte, fragte sie ihn, ob er die Wäsche einiger der anderen Jungs mitnehmen könnte, um "ihnen einen Weg zu ersparen". Als Malarkey durch die ordentlich gestapelten Pakete blickte, wurde ihm klar, dass viele dieser Männer keine saubere Wäsche mehr brauchen würden. Sie fielen im Kampf gegen die Deutschen in der Normandie. Und obwohl dieser Augenblick Malarkey schwer traf, erwähnte er nicht diese tragischen Schicksale des Krieges gegenüber der unschuldigen Frau.

Die Army hat ihnen beigebracht, wie man kämpft, wie man überlebt, aber nicht, wie man mit dem Verlust seiner Kameraden umgeht. Der Lärm und der Anblick während des Gefechts verhinderten oft, dass ein Soldat die Verluste der Menschen in seiner Umgebung in diesem Moment verarbeiten kann; das Überleben und der Auftrag haben Vorrang. Als er diese Wäschebündel mit den sorgfältig beschrifteten Namen seiner gefallenen Kameraden sah, waren die Verluste plötzlich und unerwartet real für Malarkey.

Für den Rest seines Lebens blieb diese Begebenheit eine lebhafte Erinnerung.

Orden/Auszeichnungen (U.S. Army)

Die **Medal of Honor** (MoH) ist die höchste militärische Auszeichnung, die von der Regierung der Vereinigten Staaten persönlich verliehen werden kann, persönlich übergeben vom Präsidenten der Vereinigten Staaten im Namen des Kongresses. Sie wird nur an Mitglieder der Streitkräfte der Vereinigten Staaten verliehen, welche sich durch Tapferkeit und Unerschrockenheit auszeichnen und über ihre Pflichten hinaus sich in Lebensgefahr begeben. Jede Teilstreitkraft im US-Militär hat das blaue Band und die Sterne, aber die Medaille selbst ist für jede Teilstreitkraft etwas anders.

Während des Zweiten Weltkriegs wurden 467 Medaillen verliehen: 326 an das Heer, 82 an die Marines, 58 an die Marine und 1 an die Küstenwache.

Das **Distinguished Service Cross** (DSC) ist die zweithöchste Auszeichnung und wird für außergewöhnlichen Heldenmut verliehen.

Der **Silver Star** ist die dritthöchste Auszeichnung und wird für Tapferkeit im Einsatz verliehen.

Der **Bronze Star** ist die vierthöchste Auszeichnung und wird für heldenhafte Taten, Verdienste oder verdienstvolle Leistungen in einer Kampfzone verliehen.

Das **Purple Heart** wird an Militärangehörige vergeben, die im Kampf verwundet oder getötet wurden.

Der **Combat Medic Badge** wird Soldaten verliehen, die medizinische Aufgaben erfüllen, während sie gleichzeitig vom Feind angegriffen werden. Die beiden wichtigsten Symbole sind die verschlungenen Schlangen, die das medizinische Fachwissen des Empfängers darstellen, und die horizontale Trage, die die Expertise repräsentiert, die auf dem Schlachtfeld geleistet wird.

Der **Combat Infantry Badge** (CIB) das Kampfinfanterieabzeichen wird an Infanteriesoldaten verliehen, die aktiv im bodengebundenen Einsatz kämpfen. Der Schwerpunkt dieses Abzeichens ist ein 3 Zoll breiter rechteckiger Balken mit einem infanterieblauen Feld, auf dem eine Springfield Arsenal Muskete, Modell 1795, liegt. Dieser rechteckiger Balken ist auf einen elliptischen Eichenblattkranz, der den unerschütterlichen Charakter, die Stärke und die Loyalität symbolisiert.

*General Maxwell Taylor ordnete an, dass in der 101. Airborne Division nur eine Ehrenmedaille für alle Einsätze in der Normandie verliehen wurde. Oberstleutnant Robert G. Cole, Kommandeur des 3. Bataillons, 502. Fallschirmjägerregiment, war der einzige Empfänger hierfür, für die Führung eines Bajonettangriffs in der Nähe von Carentan. Oberst Sinks Empfehlung für die Ehrenmedaille für Leutnant Winters war deshalb auf den DSC herabgestuft.

OPERATION MARKET-GARDEN

Vor der nächsten Operation war die Erholung der Easy Kompanie Schwerpunkt. Es gab auch Beförderungen für diejenigen, die sich im Kampf als führend erwiesen haben. Das Hauptanliegen war es Ersatz für Soldaten und Ausrüstung zu bekommen. Die Ausbildung, basierend auf der Normandie gelernten Erfahrungen wurden fortgesetzt, um die "Veteranen" auf dem Laufenden zu halten und die neuen Soldaten schnell auf den neuesten Stand zu bringen. Männer, die verwundet waren und sich in Lazaretten befanden, wollten unbedingt zu ihren Kameraden in der Easy Kompanie zurückkehren, damit die Army sie nicht in andere Einheiten versetzen würde.

Operation Market-Garden (Market: Luftlandetruppen; Garden: Bodentruppen) war der Plan zur Befreiung der Niederlande. Wenn diese erfolgreich war, so hofften die Männer, würde der Krieg bis Weihnachten vorbei sein. Eine Überraschung für die Männer war das dieser Sprung bei Tageslicht stattfinden würde und nicht in der Nacht wie sie es in der Normandie getan hatten. Die Strategie bestand darin, einen 16 Meilen (26 km) langen schmalen Korridor aus Straßen und Brücken von Eindhoven nach Arnheim zu bilden. Es war ein riskanter und komplizierter Plan wegen des bewaldeten und sumpfigen Geländes, das die Ziele der Alliierten begrenzte und den Deutschen reichlich Gelegenheit bot von beiden Seiten zu flankieren.

Am 17. September 1944 beförderten über 1.400 C-47 Dakota-Transportflugzeuge die Fallschirmjäger, während 450 Gleiter ihnen folgten. Insgesamt umfasste die Truppe 20.000 Fallschirmjäger und fast 15.000 Soldaten in Gleitern. Amerikanische Gleiter Truppen waren an Bord der Waco, die hauptsächlich aus Sperrholz mit etwas Aluminium zur Verstärkung des Rahmens hergestellt wurden. Ohne einen eigenen Motor konnte ein Waco 13 Soldaten befördern und zu Boden gleiten, sobald sie von dem an der C-47 befestigten Schleppseil gelöst wurden.

Die Springer trafen auf viel weniger deutsche Flakartillerie als in der Normandie. Sie landeten auf offenen, gepflügten Feldern. Ausgehend von der Masse an Springern, die in ziemlicher Nähe zueinander auf der DZ (Absprungzone) landeten: erwies sich das Springen und die Ausrüstung, bei diesem speziellen Sprung als gefährlicher als der Feind. Positiv zu vermerken ist, dass fast 90% der Soldaten in der Nähe ihrer ausgewiesenen Zonen gelandet sind, also weit entfernt von den Erfahrungen in der Normandie.

Nach der Landung und der Organisation der Truppen näherte sich die Easy der ersten Brücke am Wilhelmina-Kanal. Angesichts der Bedrohung stellten sich die alliierten Truppen auf. Die Deutschen sprengten die Brücke und ließen Holz, Schmutz und Steine auf die Männer regnen. Easy kampierte für die Nacht und britische Pioniere bauten eine Behelfsbrücke.

Easy kam schließlich in Eindhoven an und wurde von den jubelnden Bürgern, die den Männern Essen und Getränke anboten, freudig begrüßt, denn sie wurden von der vier Jährigen deutschen Besatzung befreit. Es wurde gelächelt, getanzt und Hände geschüttelt, umarmt und auf den Rücken geklopft. Die Männer posierten für Fotos und gaben Autogramme, wenn sie darum gebeten wurden. Endlich konnten die Niederländer wieder stolz ihre orangefarbenen Flaggen in der Öffentlichkeit schwenken (ihre Nationalfarbe) ohne Angst vor Vergeltungsmaßnahmen seitens der Deutschen. Aber die guten Zeiten würden bald enden.

Die Erfüllung ihrer Mission erforderte, dass Easy durch die Menschenmenge hindurchgeschoben wurde und sicherten dann die anderen Brücken. Easy Kompanie kämpfte im Nahkampf mit den Deutschen in Nuenen. Fünfzehn Gefallene zwangen die Easy Kompanie zu ihren ersten Rückzug —zurück nach Eindhoven.

Die Easy Kompanie war erst 72 Tage lang im Kampf und hatte schon so viele Verluste.

Die Insel - "Bajonette aufpflanzen"

Am 2. Oktober war das 506. PIR die erste Einheit der 101. Airborne, die die Brücke von Nijmagen überquerte. "Die Insel," ein flaches und landwirtschaftlich genutztes Gebiet von etwa drei Meilen (4,8 Km) Durchmesser, das unter dem Meeresspiegel liegt und Dämme von über 20 Fuß (67 Meter) Höhe erfordert, um das Wasser zurückzuhalten.

Mit einer kleinen Anzahl von Männern entlang der Frontlinien, stieß eine nächtliche Patrouille der Easy Kompanie auf eine Gruppe deutscher Elitetruppen: der Waffen SS. Es kam zu kurzen, aber heftigen Kämpfen zwischen den Kräften auf beiden Seiten des Teiches. Der Soldat James "Moe" Alley wurde durch eine Granate verwundet, die 32 Wunden im Gesicht, am Hals und am Arm verursachten. Ein Schrapnell von einer Granate beschädigte das Funkgerät auf Rod Strohls Rücken und hinderte die Patrouille daran Hilfe zu holen. Angesichts der überwältigenden Anzahl deutscher Truppen hatte die kleine Easy Kompanie-Patrouille keine andere Wahl, als auszuweichen und ihre Aufklärungsergebnisse an Winters zu melden.

Winters befahl eine neue Patrouille und ging allein voraus, immer noch führend an der Front, um die deutschen aufzuspüren. Er entwarf einen Plan und wartete auf weitere Verstärkung. Winters hatte die Lage schnell eingeschätzt: Die Deutschen hatten eine solide Deckung hinter einer Hochstraße, etwa 200 Meter entfernt. Die Easy Kompanie lag in einem flachen Graben auf einem offenen Feld und bald würden sie von der Morgensonne bestrahlt und entdeckt werden. Easy war der einzige Schutz zwischen den Deutschen und dem dahinter liegenden HQ (Hauptquartier) des zweiten Bataillons. Für Winters war es die beste Option einen Angriff gegen die Deutschen zu führen.

Sobald Verstärkung eintraf, informierte Winters seine Männer und gab den Befehl: "Bajonette aufpflanzen." Dieser Befehl war selten und brachte die Herzen der Männer zum Rasen. Winters gab das Kommando und eine Rauchgranate wurde geworfen, um allen das Signal zu geben die im Graben warten. Zeit aufzubrechen! Während des Laufs stolperten einige der Männer auf niedrigem, ungesehenem Stacheldraht im Gelände. Nicht zurückblickend, während seines Sprints erreichte Winters allein die Spitze der Hochstraße, wo er einen deutschen Soldaten vor sich und eine Masse von deutschen Soldaten zu seiner Rechten sah. Überrascht, dem Feind fast gegenüberzustehen, sprang Winters auf seiner Seite der erhöhten Straße zurück.

Beide Soldaten warfen Granaten, von denen keine explodierte, so dass Winters die Möglichkeit hatte, zurück auf die Straße zu kommen und aus der Hüfte zu schießen, wodurch der einzelne Deutsche getötet wurde. Winters eröffnete dann das Feuer auf die große Gruppe von Deutschen, nur 50 Fuß (15 Meter) entfernt, als der Rest seiner Männer eintraf. Zusammen mit den platzierten Maschinengewehren und Mörsern begannen sie ein konzentriertes Feuer auf den ausweichenden Feind. Die Deutschen wurden in die Flucht geschlagen und zogen ab.

Winters Planung und Taktik, zusammen mit der überlegenen Ausbildung und Umsetzung durch seine Soldaten, ermöglichten es das die Easy eine Einheit von etwa über 300 deutschen Elitesoldaten der Waffen-SS zurückschlagen und das mit nur 35 Mann. In allen Aspekten der Strategie und Bewegung der Infanterie spürte Winters das dieser Sieg, angesichts eines zahlenmäßig überlegenen Feindes, die größte Leistung der Easy Kompanie während des Krieges war.

Dieser entscheidende Nahkampf war auch das letzte Mal, dass Winters seine Waffe im Kampf abfeuerte. Wenige Tage später wurde Winters befördert zum stellvertretenden Kommandeur des 2. Bataillons des 506. PIR. Er würde nun bei der Führung der Kompanien Dog, Easy und Fox unterstützen.

Da er von Anfang an bei der Easy Kompanie war, war es für Winters eine schwierige Aufgabe, seine Kameraden zu verlassen; er hatte gedient, gelitten, überlebt und war erfolgreich an der Seite seiner Männer.

OPERATION PEGASUS

Durch das Scheitern der Operation Market-Garden verblieben tausende von britischen Soldaten hinter den feindlichen Linien in den Niederlanden, die nun gefangen waren. Einige wenige hundert britische Soldaten konnten der Gefangennahme entgehen. Diese Soldaten wurden oft vom niederländischen Widerstand versteckt gehalten. Der Widerstand bestand aus gewöhnlichen Bürgern, die Operationen gegen die Deutschen durchführten, wie: Spionage, Sabotage und die Bereitstellung von Unterschlupf für Jüdische Familien, alliierte Flugzeugbesatzungen und Soldaten, die hinter den deutschen Linien gefangen waren.

Nachdem er als Gefangener geflohen und vier Wochen lang auf der Flucht war, schwamm Oberstleutnant David Dobie von der 1. britischen Fallschirmjägereinheit über den Rhein bei Arnheim und nahm Verbindung mit Oberst Sink auf. Oberstleutnant Dobie war zum Führer von fast 140 Mann geworden, die versuchen sollten zu den alliierten Linien zurückzukehren. Oberst Sink beauftragte dem Kompaniechef der Easy Kompanie, Oberleutnant Fred "Moose" Heylinger (der Winters ersetzte), mit der Rettung der Männer, mit dem Decknamen Operation Pegasus. Oberstleutnant Dobie schwamm dann zurück über den Fluss, um den Plan mit seinen Männern zu besprechen und um bei ihnen zu sein, wenn die Zeit gekommen war, um sie zu führen.

In der Nacht vor der geplanten Operation wurden zusammenklappbare Boote von kanadischen Pionieren am Flussufer versteckt. In der Nacht des 22. Oktober paddelten, bis in die frühen Morgenstunden des nächsten Tages, vierundzwanzig Männer der Easy Kompanie schweigend über den Fluss. Während dessen benutzten die Briten auf der anderen Seite des Flusses eine Taschenlampe, um das "V" für Sieg (englisch Victory) zu signalisieren, um der Easy Kompanie zu zeigen, wo die Boote anlegen sollen. Unteroffizier Walter Gordon und Unteroffizier Francis Mellett stellten Maschinengewehre an der Flanke auf, während Heylinger den Kontakt zu den Briten aufnahm. Zu sagen, dass die Briten begeistert waren, die "Yanks" (der britische Spitzname für die Amerikaner) zu sehen, war eine enorme Untertreibung! Die Briten waren so glücklich, dass die Amerikaner sie immer wieder daran erinnern mussten, still zu sein, um die Deutschen nicht zu alarmieren und dadurch entdeckt zu werden.

Verbunden mit der Gefahr im Nacken, paddelte die große Gruppe der Retter und Geretteten sicher zurück zu den amerikanischen Linien. Der gesamte Vorgang dauerte etwa eineinhalb Stunden und wurde ohne Probleme abgeschlossen. Die Männer der Easy Kompanie wurden alle belobigt. Zur Feier des Tages gab Oberstleutnant Dobie eine Party für alle Beteiligten.

Nach 72 Tagen an der Front gegen die Deutschen in den Niederlanden, wurde die Easy Kompanie schließlich von kanadischen Soldaten abgelöst. In dieser Zeit hatte keiner der Männer duschen können. Mit LKW verlegten sie die Easy zurück nach Frankreich, um sich auszuruhen, neue Uniformen zu bekommen... und schließlich endlich einmal eine heiße Dusche zu genießen. Wieder einmal gab die Easy Kompanie alles, was sie hatte. Die Männer ertrugen nasses und kaltes Wetter, trugen die gleiche Kleidung für Monate und hatten nie ausreichende Verpflegung.

Bei den Kämpfen in den Niederlanden fielen über 50 Angehörige der Easy Kompanie.

BASTOGNE

Am frühen Morgen des 16. Dezember 1944 startete Hitler einen Großangriff mit 200.000 Soldaten und 1.000 Panzern in den Wäldern der Ardennen, der die Alliierten völlig überraschte. Dieser Angriff ist als "Ardennenschlacht" (Battle of the Bulge) bekannt, weil die Deutschen die Frontlinien der Alliierten in der Stadt Bastogne, Belgien "ausbeulten" (bulge). In dieser Phase des Krieges mussten die Deutschen dringend Bastogne einnehmen und halten, da die sieben Straßen, die von und aus der Stadt führten sie zu einem wichtigen zentralen Ort machten, um ihre Panzer und Truppen westwärts gegen die Alliierten zu verlegen. Es wurde die größte Schlacht, die jemals von der US-Army geführt wurde.

Die 101. Airborne wurde nach Bastogne verlegt und schnell wurden die Fallschirmjäger wieder eingekesselt. Dieses Mal wurden die Männer mit LKW ins Gefecht verlegt und nannten ihren Einsatz einen "Heckklappen-Sprung", da sie von der Ladefläche eines Lastwagens sprangen und nicht aus Flugzeugen. Der plötzliche und überraschende Einsatz der Easy Kompanie bedeutete, dass die Männer keine Zeit hatten Winterkleidung zu fassen, geschweige denn genug Munition. Als sich die Easy Kompanie auf ihre Stellungen zubewegte, passierten sie Truppen, die bereits die Hauptlast getragen hatten in dieser deutschen Offensive. In Ermangelung einer eigenen Ausrüstung „stahl" die Easy Kompanie so viel von den Versorgungsgütern der ausweichenden Einheiten, wie sie konnte.

Dieser Winter war einer der härtesten seit Jahrzehnten und das erwies sich als ein ebenso großer Feind wie die Deutschen. Ohne richtige Stiefel und Nachschub mit trockenen Socken litten die Männer an Erfrierungen und „Fuß Brand / Grabenfuß" (Trenchfoot). Wobei eine Kombination aus nassen und kalten Füßen Durchblutung und Infektionsprobleme verursachte. Fast ein Drittel aller Verletzungen standen im Zusammenhang mit den harten Wetterbedingungen. Ohne warmes Essen, wenig Schlaf, da die Männer unter Kampfstress standen und sich nie erwärmen konnten, lebten sie fast zwei Wochen lang in einem ständigen Zustand extremer Müdigkeit. Dieses brachte sie an ihr Limit. Eine Abkommandierung von der Hauptkampflinie für ein paar Tage, um als Melder am Gefechtsstand eingesetzt zu werden, regenerierte einen Soldat so sehr, dass er bald wieder an die Front zurückkehren konnte.

Die deutsche Artillerie explodierte in der Höhe der Baumwipfel und ließ Metall- und Holz-Splitter auf die Männer in den Schützenlöchern regnen. Manchmal wurden die feindlichen Zünder der Granaten so eingestellt, dass sie am Boden explodierten und auf die Männer, die in ihren Schützenlöchern lagen, buchstäblich aufprallten. Ein solches Artilleriefeuer hat Joe Toye schwer am Bein verwundet, als er im Freien stand. Als der Beschuss aufgehört hat rannte "Wild" Bill Guarnere hinaus, um seinem verwundeten Freund zu helfen. Genau in diesem Moment schlug eine weitere Granate ein, welche Guarnere auch ein Bein kostete. Aber selbst, wenn man sich in einem Schützengraben hinhockte war das keine Garantie für Sicherheit. Ein Volltreffer in ihrem Schützenloch tötete "Skip" Muck und Alex Penkala. Alle diese vier Männer waren erfahrene und geschätzte Angehörige der Kompanie. Ihre Verluste waren erdrückend.

Da die Verwundeten nur von der Front zurück in die Stadt gebracht werden konnten, verwandelte die 101. Airborne eine Kirche in ein provisorisches Lazarett. Da es an Versorgungsgütern fehlte und wenig Hoffnung auf Versorgung des Nachschubes bestand, mussten Verbände in Wasser gekocht und wiederverwendet werden. Die Stadt und das Umland waren weiterhin den deutschen Artilleriefeuer ausgesetzt. Eingekesselt zu sein bedeutete, dass es keine Chance gab um den Kämpfen zu Entkommen; keine Flucht, kein Verstecken und keine Ruhe für die müden Männer.

Am 22. Dezember überbrachten die Deutschen US General McAuliffe, dem Divisionskommandeur der 101. Airborne, eine Nachricht, in der sie die Kapitulation der Amerikaner forderten. Die Antwort des Generals war: "Nuts!" Diese Erklärung war eine entschieden negative Antwort auf die Frage, dass die stolze und entschlossene 101. Airborne jemals kapitulieren würde. Bis zum heutigen Tag feiern die Bürger von Bastogne diese berühmte Verneinung zur geforderten Aufgabe indem sie Kastanien vom Balkon des Rathauses in die Menge werfen.

Endlich klarte das Wetter so weit auf, so dass die C-47er Nachschub aus der Luft abwerfen konnten. Ein höchst willkommener Anblick für die ermüdeten Truppen. Am Tag danach, es war Weihnachten, durchbrachen Panzer der 3. Armee von General Patton die deutschen Linien, wodurch mehr Nachschub in den Kessel gebracht werden konnte und Verwundete endlich in Lazarette evakuiert wurden. Die entschlossene Verteidigung von Bastogne durch die 101. Airborne brachte der 101. Airborne die Distinguished Unit Citation zum zweiten Mal.

Die Feindseligkeiten in Bastogne haben allen die dort gekämpft haben einen schrecklichen Tribut abverlangt. Die Alliierten hatten über 70.000 Gefallene zu beklagen, die Deutschen haben noch mehr verloren. Alle Männer sind sich einig, dass sie niemals wieder so frieren wollen wie in Bastogne und als stolze Fallschirmjäger, sagten sie auch, dass sie nicht von General Patton gerettet werden mussten!

Foy – Sanitäter

Während der Ardennenschlacht saß die Easy Kompanie in ihren Schützengräben im Bois Jacques (Jack's Woods) und beobachtete vom Hügel hinunter das Dorf Foy in Belgien. Zu dieser Zeit war der Kompaniechef der Easy Leutnant Norman Dike. Auf Befehl vom Divisionsgefechtsstand wurde das 2. Bataillon des 506. PIR befohlen, um den Angriff auf Foy durchzuführen. Es war Zeit anzugreifen, raus aus dem Wald. Am 13. Januar 1945 wurde die Easy Kompanie mit der Führung des Angriffs beauftragt; die Deutschen saßen in ihren Stellungen. Zum zweiten Mal musste die Easy Kompanie ein 250 Yards (229 Meter) Feld überqueren, ein großer Nachteil für sie, denn die deutschen Truppen waren bereits in den Häusern des Dorfes in Stellung gegangen.

Als Bataillonskommandeur beobachtete Winters von der Baumgrenze aus, wie die Easy den Angriff startete, als die Deutschen das Feuer eröffneten und sie unter schweren Artilleriebeschuss nahm. Nach halber Strecke erstarrte Oberleutnant Dike. Genau wie in Carentan würde das Verharren in einer Stellung nur dazu führen, dass die Männer erschossen werden würden! Oberleutnant Dike war jedoch kein Winters, der mutig in die Schusslinie von Carentan gesprungen war, um seine Männer zu retten. Winters wollte auf das Gelände rennen, um zu übernehmen, aber seine neue Dienststellung verlangte von ihm Befehle zu delegieren. Oberleutnant Ronald Speirs ein Zugführer der Dog Kompanie, war in der Nähe. Winters befahl Speirs den Angriff zu übernehmen. Speirs gehorchte sofort dem Befehl und lief auf das Gefechtsfeld, welches unter schweren Beschuss lag. Mit seiner entschlossenen Führung nahm die Easy Kompanie ihren Angriff auf Foy wieder auf und räumte es von der deutschen Besatzung. Oberleutnant Dike wurde des Kommandos enthoben. Die Easy Kompanie war nun in Speirs fähigen Händen, wo er als Kompaniechef für die Dauer des Krieges blieb.

Don Malarkey befehligte die Mörsertruppe des II. Zuges und blieb mit ihnen beim Bois Jacques, für eine eventuelle Feuerunterstützung, während des Gefechts. Von einem Hügel aus konnte er leicht den I. und II. Zug sehen die ebenfalls auf Foy zusteuerten, als Ablenkungsangriff des III. Zuges, der die Deutschen täuschen sollte. Die Verluste stiegen schnell an, als die Männer sich dem Dorf näherten. Malarkey erinnerte sich später mit einer Kombination aus Ehrfurcht und Stolz, wie er die Operation miterlebte: "Während des Angriffs auf Foy, konnte ich sehen, wie der III. Zug, der in diesem Obstgarten fest saß Verluste hinnehmen musste, und ich sah, wie der Sanitäter, Gene Roe über das offene Gelände lief und damit begann, die Verwundeten zu versorgen." Malarkey fuhr fort, dass Roe trotz des anhaltenden Feuers weiter von Soldat zu Soldat lief, um Erste Hilfe zu leisten und jedem zu sagen, dass er es schaffen wird, egal wie schwer sie auch verwundet waren.

Später sprach Malarkey, mit dem Sanitäter Doc Roe, über seine wenigen Auszeichnungen. Er gab Zeugnis von seinen Heldentaten ab - von denen einige den Krieg nur wegen seiner Heldentaten überlebten — Malarkey glaubte, wie viele der Männer, die mit Roe dienten, dass Roe weitaus mehr Tapferkeitsmedaillen verdiente, als er jemals erhalten hat. Roe schaute etwas verlegen auf diese Frage und sagte bescheiden, „dass er nichts Besonderes getan hat und stolz auf das war was er hatte". Malarkey war unnachgiebig, als das Thema Eugene Roe aufkam: "Er war ein phänomenaler Kampfsanitäter." Roe wurde von Lt. Jack Foley, für den Silver Star nominiert, aber aus unbekannten Gründen hat er die Auszeichnung nie erhalten.

Während Eugene Roe der einzige Sanitäter der Easy war, der es vom D-Day bis zum Adlernest schaffte, haben die Sanitäter Ed Pepping, Al Mampre, Ralph Spina und Earnest Oats (der am D-Day beim Absturz des Stick #66 fiel) alle mit Auszeichnung gedient. Die Sanitäter waren besondere Soldaten in jeder Hinsicht. Da sie keine Waffe tragen durften konnten sie sich weder verteidigen noch wehren. Und so wachten die anderen Kameraden über sie und beschützten sie. Als das Gefecht begann versuchte sich jeder Soldat vor den Kugeln und den Granaten zu schützen. Aber der Schrei nach dem "Sani" brachte den Soldaten mit der Rotkreuz-Armbinde, der auf die Verwundeten zulief, in eigene Gefahr, um medizinische Betreuung und Behandlung zu bieten.

Mehrere Männer der Easy Kompanie bezeichneten die Sanitäter als "Engel."

Deutsche auf dem Rückzug

Mitte April 1945, nicht lange nach dem Einmarsch in Deutschland, lieferte der 101. Airborne Versorgungsoffizier ein Paar Socken und drei Flaschen Coca-Cola für jeden Mann. Es war sicher ein Grund zur Freude, etwas zu erhalten, was zu Hause ein täglicher Luxus war.

Durch die Bombardierung der Alliierten Luftwaffe, war ein Großteil des deutschen Schienennetzes zerstört worden. Nur um nach Deutschland zu gelangen, musste der Zug mit der Easy einen Umweg über Holland, Belgien, Luxemburg und Frankreich machen, wo die Easy dann auf LKW stieg und über das deutsche Binnenland fuhr, um dann den Rhein und die Donau zu überqueren. Viele der kleinen Städte und Dörfer, entlang der Marschroute, waren den Verwüstungen des Krieges entkommen. Als der Konvoi für die Nacht anhalten sollte, befahlen die Soldaten den deutschen Einwohnern, dass sie 30 Minuten Zeit hätten um ihre Häuser zu verlassen. Wie die Männer es genossen, unter echten Dächern, in echten Betten und unter echten Laken zu schlafen, zumal diese Betten vor kurzem vom Feind geräumt wurden! Die amerikanischen Soldaten zeigten wenig Sympathie, denn sie waren Zeugen geworden von so viel Zerstörung, in den Ländern die von den Deutschen besetzt wurden.

Als sie tiefer nach Deutschland kamen, sah die Easy, wie sich kleine Gruppen deutscher Soldaten ergaben. Diese kleineren Gruppen wuchsen bald zu größeren Gruppen heran. Easy erreichte die Autobahn, die nach Osten in das Herz von Deutschland führte und nun ausschließlich den Alliierten vorbehalten war und auf der keine Zivilfahrzeuge erlaubt waren. Auf dem Grasstreifen in der Mitte zwischen den Fahrspuren und der Bankette, marschierten deutsche Soldaten, die sich ergeben hatten, in Richtung Westen in ein Gefangenenlager (POW: prisoner of war). Sie beobachteten wie die deutschen Truppen in voller Uniform marschierten. Viele hatten noch ihre Waffen, da keine Zeit zur Entwaffnung geblieben war. So erstaunlich es auch klingt, manchmal bewachte nur eine Handvoll amerikanischer Soldaten, hunderte von Deutschen auf offenem Feld.

Die Massen an grauen Uniformen, die geschlagen über den Grasstreifen stapften, bedeuteten das Ende der deutschen Armee. Es würde nicht einen weiteren Überraschungsangriff, wie in Bastogne geben. Der Kampfwille hatte die deutsche Armee verlassen. München fiel an die amerikanische 7. Armee. München war eine wichtige Stadt für die Nazis. Aber der Easy war es egal München zu erobern; für sie war das Rennen um den ultimativen Schauplatz hoch in den Alpen.

Aber zuerst würde die Easy Kompanie mit eigenen Augen das Übel des Naziregimes zu sehen bekommen.

KONZENTRATIONSLAGER

Am 29. April machte die Easy Kompanie in der Nähe von Landsberg, Deutschland, einen nächtlichen Halt. Patrouillen wurden befohlen um nach noch verbliebenem Widerstand der deutschen Truppen zu schauen. Unteroffizier Frank Perconte, berichtete Winters, dass seine Patrouille ein Lager gefunden hatte, mit mehr als 5.000 Menschen. Winters kam in seinem Jeep mit Hauptmann Lewis Nixon an und fand halb verhungerte und abgemagerte Menschen, die sich entlang der Stacheldrahtzäune aufreihten, viele trugen blau-weiß gestreifte Häftlingskleidung. Das große Lager bestand aus kleinen Hütten, die auf halbem Weg in den Wald erbaut wurden. Diese waren so niedrig gebaut, dass die Gefangenen sich bücken mussten, um in ihnen zu gehen. Es war ein Arbeitslager und Teil des größeren Lagersystems des KZ Dachau.

Der Geruch in diesem Lager war unerträglich! Die Lebensbedingungen waren entsetzlich. Die Toten wurden im Lager auf dem Boden liegengelassen oder in Haufen gestapelt. Es wurde kein Versuch, von den Wachen des Lagers unternommen, sie zu begraben oder ihre Kranken zu pflegen. Als die Nachricht von den herannahenden amerikanischen Streitkräften die Deutschen erreichte flohen fast alle Wachen des Lagers.

Winters nahm Funkverbindung mit Oberst Sink auf, um ihn über die Entdeckung des Lagers zu informieren. Als Oberst Sink eintraf, war der Hauptgefreite Joe Liebgott bereits da, welcher etwas Deutsch sprach, genug, um übersetzen zu können und um zu verstehen, dass dieses Lager hauptsächlich für Juden bestimmt war.

Ohne einen weiteren Gedanken daran zu verschwenden, forderte Winters eilig Käse aus der nahe gelegenen Stadt an, der den Gefangenen gebracht werden sollte, um sie zu Verpflegen. Major Kent, der Arzt des 506. PIR traf ein und sagte Winters er solle keine Lebensmittel mehr austeilen. Aufgrund des fortgeschrittenen Zustands der Unterernährung mussten die Gefangenen unter der sorgfältigen Aufsicht des medizinischen Personals mit Nahrungsmitteln versorgt werden. Zu viel und zu schnelles Essen war fast ebenso gefährlich für ihre Gesundheit, wie wenn sie überhaupt keine Nahrung haben. Den geschwächten Überlebenden die Nachricht zu überbringen, dass die Nahrung weggenommen werden musste, war eine quälende und entmutigende Aufgabe für den jungen Liebgott.

General Taylor holte Korrespondenten, um die Gräueltaten aufzuzeichnen und zu dokumentieren und er befahl der in der Nähe lebenden Zivilbevölkerung zu helfen das Lager zu säubern und die Toten mit bloßen Händen zu begraben. Dies war als Bestrafung gedacht und auch als Lektion für diejenigen, die so viel Leid und Entsetzen über so viele Unschuldige gebracht hatten. Eine solche Maßnahme würde sicherstellen, dass das deutsche Volk nicht behaupten könne von den Taten, die in ihrem Namen geschahen, nichts zu wissen.

Der Anblick und der Gestank würden für immer im Gedächtnis der Männer der Easy Kompanie bleiben und das verstärken, was sie bereits wussten: ihr Kampf war entscheidend und er war viel größer als sie selbst!

BERCHTESGADEN/ADLERHORST

Von ganz oben war der Befehl gekommen das die 101. Airborne die Erste sein solle, die nach Berchtesgaden fahren sollte. Als Oberst Sink Major Winters sagte, die Männer auf den Marsch vorzubereiten, war der Major begeistert. Dass es sich hierbei nur um eine kleine Stadt in einem Tal an der ehemaligen deutsch-österreichische Grenze in Berchtesgaden handelte, war den Männern bekannt. Zahlreiche Fotos von Hitlers Treffen mit den Führern von England, Italien und Frankreich in Berchtesgaden, waren in den Zeitungen und Zeitschriften weithin bekannt gemacht worden. Neben der Einnahme von Berlin waren Berchtesgaden und das Adlernest die Orte, die bezüglich einer Einnahme im Fokus standen. Die Soldaten und Generäle aller alliierten Armeen wussten, dass sie für immer unsterblich sein würden, wenn sie die Ersten wären, die diese Orte einnahmen. Die französische 2. Panzerdivision war ebenfalls in der Gegend und wollte die französische Fahne hissen, als Rache für die Jahre der Besatzung; daher mussten die Amerikaner ihren Vormarsch beschleunigen.

Auf der Bergstrecke, führten gesprengte Brücken dazu, dass die Easy Kompanie ein paar Mal ausweichen musste, um einen alternativen Weg zu finden, der es ihnen erlauben würde, als Erste den Zugang zu diesem berüchtigten Ort zu erlangen. Easy erreichte Berchtesgaden schließlich am 5. Mai 1945. Obwohl einige Truppen aus den USA und Frankreich in der Stadt gewesen waren und sie verlassen hatten, gab es nur wenige Hinweise darauf, dass die 101. Airborne nicht die ersten waren die dort ankamen. Easy hat das Hotel Berchtesgaden Hof beschlagnahmt und für General Taylor gesichert. Winters und Lt. Welsh fühlten sich wie zu Hause und teilten sich eine große Kiste mit Hitlers Tafelsilber.

Von dort aus führte, eine kurze Fahrt die steile Straße hinauf, zum Obersalzberg, einem privaten, dorfähnlichen Zufluchtsort, mit Häusern für Hitler und sehr hochrangigen Nazis. Auch mit Kasernen für Soldaten der SS, die als Wachen auf dem Gelände dienten. Hitler hatte hier mehr Zeit verbracht als irgendwo sonst, während seiner Zeit an der Macht. Winters und Leutnant Nixon fanden einen Eisenbahnwagen voller gestohlener Kunstwerke aus ganz Europa. Die Soldaten fuhren in Hitlers Stabswagen und stellten fest, dass die Scheiben der Wagen wirklich kugelsicher waren. Sie entdeckten deutsche Uniformen-Sie posierten für lustige Fotos, während sie die neu erworbene Kleidung trugen. Souvenirs waren reichlich vorhanden für alle!

Weiter oben auf dem Berg, war Hitlers Adlerhorst (Kehlsteinhaus), in 6.100 Fuß (1860 Meter) Höhe. Es war ein Gästehaus auf dem Gipfel des Berges; ein Geschenk an Hitler zu seinem 50. Geburtstag. Die einzige Möglichkeit das Adlernest zu erreichen, war durch einen Tunnel in den Berg, der zu einem Aufzug führte. Dessen Wände waren aus poliertem Messing, mit einer spiegelnden Oberfläche, die wie Gold aussah. Alton More fand ein Fotoalbum von Hitler, mit vielen hochrangigen Deutschen Beamten, die das Kehlsteinhaus besucht hatten. More musste das Album im Sitzkissen seines Jeeps verstecken, um es von einem Offizier zu verstecken, der es für sich selbst wollte.

Bald kam die Nachricht: "Mit sofortiger Wirkung werden alle Verbände auf den gegenwärtigen Positionen verbleiben. Die Heeresgruppe G des deutschen Heeres, in diesem Sektor, hat kapituliert. Kein Schuss auf Deutsche, es sei denn, es wird auf sie geschossen." Für jeden Soldaten war die "gegenwärtige Position" besser als zuvor.

Die Easy Kompanie, hatte den Gipfel des Berges, von Hitlers Residenzen und seinem Nazi-Regime erreicht. Die schöne Landschaft und eine friedliche Aufgabe, die sich die Männer während der Kriegsmonate nicht vorstellen konnten. Am 7. Mai erhielt die Easy Kompanie die Nachricht, dass die deutsche Armee kapituliert hat! Endlich konnten sich die Männer wirklich entspannen, und das taten sie auch. Jede Nacht tranken sie aus Flaschen die einst, vor nicht allzu langer Zeit, Hitler und Herman Göring, dem Kommandeur der deutschen Luftwaffe, gehörten.

Als Gnadenstoß erhoben sie ihre Gläser, während sie an den gleichen Stellen saßen, die sie in den Zeitungen und Magazinen gesehen hatten, sowie es einmal Hitler gemacht hatte.

KAPRUN/KRIEGSENDE

Der Krieg in Europa endete offiziell am 8. Mai 1945. Die Männer der Easy Kompanie, wurden dann auf LKW verladen und marschierten nach Kaprun, Österreich, etwa 20 Meilen (30 km) von Berchtesgaden entfernt. Die Männer waren weiterhin überwältigt von der Schönheit der Landschaft, die etwas wie aus einem Bilderbuch aussah. Die ruhigen und malerischen Alpen boten ihnen die Möglichkeit sich an das Leben ohne Krieg zu erinnern.

Zu den Aufgaben des 2. Bataillons (nur 600 Mann), gehörte die Bewachung von 25.000 deutschen Kriegsgefangenen (POWs). Die Männer gingen auch auf Patrouillen, um Nachzügler der deutschen Streitkräfte ausfindig zu machen und sie in die Kriegsgefangenenlager zu bringen. Alle entdeckten SS-Angehörigen wurden nach Nürnberg, Deutschland gebracht. Inzwischen häuften sich Unterlagen an, die bewiesen das die SS-Truppen viele Gräueltaten und Kriegsverbrechen begangen hatten, im Namen der Nazis und sie würden nun wegen Kriegsverbrechen angeklagt werden.

Ein weiteres wichtiges Thema, waren die Tausenden von Zivilisten und Vertriebene (DP, displaced persons). Sie kamen aus Polen, Ungarn, der Tschechoslowakei, Belgien, Niederlande und Frankreich. Es wurden sowohl die feindlichen Soldaten als auch die DP aussortiert und aus dem Gebiet gebracht.

In ihrer Freizeit konnten die Männer Sportveranstaltungen und Wettkämpfe zwischen den Einheiten genießen. Auch Tennisplätze wurden als Schießstand eingerichtet, um die Fähigkeiten der Männer zu erhalten. Sie konnten in den Bergen auf die Jagd nach Gämsen gehen. Sie konnten mit dem Skilift zu einer Berghütte fahren, einige Tage am Stück entspannen und die Pisten erkunden. Der klare, ruhige See in Zell am See ermöglichte, zwangloses Bootfahren und einen Fallschirmsprung direkt ins Wasser. Die Männer genossen auch eine willkommene Erinnerung an ihre Heimat: Baseball spielen.

Fast jeder Soldat hatte als Priorität, die Army zu verlassen und nach Hause zu fahren. Es wurde ein Punktesystem eingeführt, das auf bestimmten Kriterien beruht: die Anzahl der Dienstmonate, die Anzahl der Monate in Übersee, die Anzahl der erhaltenen Auszeichnungen und die Anzahl der Kinder die zu Hause warteten. Damit ein Soldat seine Entlassungspapiere erhielt, musste er insgesamt 85 Punkte haben. Das war zeitweise ein sehr unfaires System. Earl McClung war einer der besten Soldaten der Easy und hatte sich freiwillig gemeldet, um unzählige gefährliche Patrouillen zu führen. McClung war die ganze Zeit im Einsatz gewesen und dennoch fehlten immer noch die erforderlichen 85 Punkte. Er und viele andere mussten noch einige Monate warten, bis sie endlich nach Hause fahren konnten.

Easy Kompanie hatte einen langen Weg zurückgelegt, sowohl im wörtlichen als auch im übertragenen Sinne. Von Sobel über Winters bis Speirs und von Toccoa bis zur Normandie nach Kaprun; es hatte fast drei Jahre gedauert. In dieser Zeit hatte ihre einzigartige Verbindung sie dazu getrieben, eine Disziplinarmaßnahme durch die Army zu riskieren, weil sie ohne Urlaub (AWOL) aus den Lazaretten verschwunden sind, ohne sich vollständig zu erholen und geheilt zu sein, nur damit sie zurückkehren können zu ihren Kameraden. Strohl, Wynn, Alley, Welsh und Toye (mit dem Arm in der Schlinge) hatten sich alle irgendwann im Krieg unerlaubt entfernt, nur um zu vermeiden, dass sie in eine andere Einheit versetzt werden. Die Zeit in Kaprun erlaubte es jedem Mann über seine Freunde um ihn herum nachzudenken, und auch über seine Freunde, die nicht mehr da waren.

Im Juli 1945 waren die Toccoa-Männer endlich auf dem Weg zurück in die Staaten. Japan kapitulierte am 14. August 1945. Am 30. November 1945 wurde die 101. Airborne aufgelöst. Auf dem Papier existierte die Easy Kompanie nicht mehr.

Ihr Land hatte sie gerufen und sie reagierten bereitwillig und ohne zu zögern. Sie kämpften freiwillig an der Seite der Besten, mit Garantie vom Feind umgeben zu sein. Sie traten als gewöhnliche Zivilisten in das Heer der Vereinigten Staaten ein und wurden zu Elite-Fallschirmjägern. Fremde waren zu Brüdern geworden. Doch als viele der Männer ins zivile Leben zurückkehrten, hatten sie damit Schwierigkeiten. Auch umgeben von ihren Familien stellten hier einige fest, dass sie die Verbindung nicht wiederherstellen konnten. Selbst wenn sie über das, was sie im Krieg getan und gesehen hatten, sprechen wollten, so konnten sie keine Worte dafür finden. Wie konnten sie ihre Lieben mit einigen ihrer Erinnerungen belasten? Viele Männer verfolgten diese Erinnerungen bis in ihre Träume. Einige sehnten sich auf seltsame Weise danach wieder bei ihren Kameraden zu sein, wo sie sich dem Kerl neben ihnen nicht erklären mussten. Es würde Zeit brauchen, um wieder Zivilist zu werden.

Ein Teil von ihnen würde immer ein Soldat der Easy Kompanie bleiben.

KREUZE

Bis zum Ende des Krieges haben 366 Männer in der Easy Kompanie gedient. Von diesen haben 47 den höchsten Preis für unsere Freiheit bezahlt; sie würden nie den Frieden am Ende des Krieges erleben dürfen. Sie würden auch nicht zu ihren Eltern, Geschwistern und Freunden nach Hause zurückkehren, um eine herzliche, emotionale Umarmung zu erhalten. Ihr Opfer hat sie nicht nur ihr Leben gekostet, sondern auch ihre Träume, Hoffnungen und Bestrebungen, nachdem sich alle jungen Menschen sehnen.

Auf den Friedhöfen in der Normandie, in den Niederlanden, in Luxemburg und auf den Friedhöfen in Belgien liegen noch einige Soldaten der Easy Kompanie unter Kreuzen, zur Ruhe gebettet. Sie schließen sich mehr als 45.000 anderen Männern an, die in fremden Ländern begraben sind, und die Welt vor Tyrannei und dem Bösen befreiten.

Die Friedhöfe sind eine Sehenswürdigkeit. Das Gelände ist tadellos. Jeder Baum und jeder Busch wird ständig geschnitten. Das Gras ist unbefleckt immer schön gemäht. Es wird sorgfältig darauf geachtet, dass jedes Kreuz und jeder Davidstern in der Höhe und in den Reihen perfekt ausgerichtet ist unabhängig von dem Blickwinkel, aus dem sie betrachtet werden. Die Besucher gehen in Stille, Ehrfurcht und Verehrung. Die Kreuze stehen als stille und düstere Mahnungen des hohen Preises der Freiheit — und Freiheit ist niemals frei.

Bill Guarnere und Joe Toye (welchen alle für den stärksten Mann der Easy Kompanie hielten) kehrten beide mit nur einem Bein nach Hause zurück. Ed Tipper verlor ein Auge. Max Meth verlor eine Hand. Viele trugen die körperlichen Narben von Verwundungen am Körper; fast alle trugen Narben im Inneren. Der Krieg würde sie alle für immer verändern. Selbst als sie bis in ihre 80er und 90er Jahre kamen, sagten sie alle, dass nicht ein Tag vergeht, an dem sie nicht an die Männer denken, mit denen sie in der Easy Kompanie gedient haben. Sie konnten nie die Männer vergessen, die ihre Kameraden wurden. Da ist diese Verbindung, einzigartig in ihrer menschlichen Natur, eine völlig einzigartige Verbindung, die auf totalem Vertrauen aufeinander als Infanterist und Fallschirmjäger beruht.

Die Männer der Easy Kompanie versammelten sich von 1947 bis 2012 jedes Jahr zu einem Wiedersehen, um dieses Band der Kameradschaft und ihre lebenslange Verbundenheit zu bezeugen und jedes Jahr wurde auf die Männer angestoßen, die unter diesen Kreuzen in der fernen Erde begraben sind.

Ihre Geschichte ist eine Geschichte der Demut, des Mutes, der Ehre, der Aufopferung, der Pflicht und des Patriotismus. Auch wir werden sie <u>nie</u> vergessen!

EHRENLISTE

MÄNNER DER EASY KOMPANIE, DIE IM KAMPF GEFALLEN SIND (KIA)
* BEZEICHNET EHEMALIGE EASY KOMPANIE-MÄNNER KIA MIT ANDEREN UNIFORMIERTEN

Name	Datum
Rudolph R. Dittrich	20·5·1944
Robert J. Bloser	6·6·1944
Herman F. Collins	6·6·1944
George L. Elliot	6·6·1944
William S. Evans	6·6·1944
Joseph M. Jordan	6·6·1944
Robert L. Matthews	6·6·1944
William McGonigal, Jr.	6·6·1944
Thomas Meehan	6·6·1944
William S. Metzler	6·6·1944
John N. Miller	6·6·1944
Sergio G. Moya	6·6·1944
Elmer L. Murray, Jr.	6·6·1944
Ernest L. Oats (medic)	6·6·1944
Richard E. Owen	6·6·1944
Carl N. Riggs	6·6·1944
Murray B. Roberts	6·6·1944
Gerald R. Snider	6·6·1944
Elmer L. Telstad	6·6·1944
Thomas W. Warren	6·6·1944
Jerry A. Wentzel	6·6·1944
Ralph H. Wilmer	6·6·1944
Benjamin J. Stoney*	7·6·1944
Terrence C. Harris*	13·6·1944
James L. Diel*	19·9·1944
Vernon J. Menze	20·9·1944
James W. Miller	20·9·1944
William T. Miller	20·9·1944
Robert Van Klinken	20·9·1944
Raymond G. Schmitz*	22·9·1944
James Campbell	5·10·1944
William Dukeman, Jr.	5·10·1944
John T. Julian	21·12·1944
Donald B. Hoobler	3·1·1945
Richard F. Hughes	9·1·1945
Warren H. Muck	10·1·1945
Alex M. Penkala, Jr.	10·1·1945
Harold B. Webb	10·1·1945
A. P. Herron	13·1·1945
Francis J. Mellett	13·1·1945
Patrick Neill	13·1·1945
Carl C. Sowosko	13·1·1945
John E. Shindell	13·1·1945
Kenneth J. Webb	13·1·1945
William F. Kiehn	10·2·1945
Eugene E. Jackson	10·2·1945
John A. Janovec	16·5·1945

Band of Brothers Family Foundation

Die Band of Brothers Family Foundation ist eine Organisation nach IRS 501c3 (EIN 81-2710879), die von dem Nachkommen der Männer der Easy Kompanie, 506th Parachute Infantry Regiment, 101st Airborne, WWII gegründet wurde. Der Vorstand und die Organe der Stiftung bestehen ausschließlich aus Familienmitgliedern.

Unser Hauptziel ist es, die Schüler über die Männer der Easy Kompanie (unsere Helden) und den Zweiten Weltkrieg im Allgemeinen aufzuklären. Wir hoffen dieses Buch in die Hände möglichst vieler Schüler und Schulbibliotheken zu geben. Wir, die wir weiterhin ehren.

Wenn Sie eine Schulbibliothek oder einen Schullehrer kennen, der von diesem Buch profitieren würde, lassen Sie es uns bitte wissen.

HTTPS://WWW.FACEBOOK.COM/BANDOFBROTHERSFAMILYFOUNDATION

EASYCOFOUNDATION@GMAIL.COM

Referenzierte Bücher und weiterführende Lektüre

- Band of Brothers by Stephen Ambrose
- Beyond Band of Brothers by Major Dick Winters and Col. (Ret.) Cole G. Kingseed
- Conversations with Major Dick Winters by Col. (Ret.) Cole G. Kingseed
- Call of Duty by Lynn "Buck" Compton with Marcus Brotherton
- Easy Company Soldier by Don Malarkey with Bob Welsh (page 52 quoted on March to Atlanta & page 115 quoted on Laundry)
- Shifty's War by Marcus Brotherton
- Parachute Infantry by David Webster
- Brothers in Arms, Best of Friends by Bill Guarnere and Edward Heffron with Robyn Post
- Silver Eagle by Clancy Lyall and Ronald Ooms
- Biggest Brother: The Life of Major Dick Winters by Larry Alexander
- A Company of Heroes by Marcus Brotherton
- We Who are Alive and Remain by Marcus Brotherton
- Fighting with the Screaming Eagles by Robert Bowen
- The Filthy Thirteen by Richard Killblane and Jake McNiece
- Fighting Fox Company, The Battling Flank of the Band of Brothers by Terry Poyser with Bill Brown
- D-Day with the Screaming Eagles by George Koskimaki (and others by the author)
- Vanguard of the Crusade by Mark Bando (and others by the author)
- The Simple Sounds of Freedom by Thomas H. Taylor
- Tonight We Die as Men by Ian Gardner (and others by the author)
- Nuts! A 101st Airborne Machine Gunner at Bastogne by Vincent Speranza
- Look Out Below! A story of the Airborne by a Paratrooper Padre by Francis L. Sampson

Chris Langlois ist ein Enkel des Sanitäters Eugene Gilbert Roe, Sr. Roe ist der Easy Kompanie im Camp Mackall beigetreten, gleich nach Toccoa. Chris stammt ursprünglich aus Baton Rouge, Louisiana, und hat einen Abschluss der Louisiana State University. Er wohnt derzeit mit seiner Frau Patricia und seiner Tochter Julia in Dallas, Texas. Sowohl Chris als auch Patricia sind Offiziere bei der Polizei. Chris spendet einen Teil des Gewinns an die Band of Brothers Family Foundation, so dass weitere Exemplare dieses Buches in Schulbibliotheken und Klassenräumen platziert werden kann. Ihm obliegt „Docroepublishing" auf Facebook, Instagram und Twitter. Chris ist erreichbar unter: docroegrandson@gmail.com

Anneke Helleman kommt aus den Niederlanden, wo sie mit ihrem Ehemann Gert-Jan IJzerman lebt. Sie hat einen Sohn und eine Tochter, die beide glücklich verheiratet sind. Sie ist auch eine stolze Großmutter. Sie ist Miteigentümerin eines Möbelgeschäfts und eine professionelle Malerin. Ihre Kunstwerke reichen von Realismus bis hin zur WWII Aircraft Nose-Art auf Leder Jacken. Ihre Leidenschaft für den Zweiten Weltkrieg begann, als sie den amerikanischen Friedhof in Margraten besuchte und Geschichten hörte über einige der dort begrabenen Soldaten. Sie ist für immer dankbar für ihre Freiheit. Anneke kann unter info@annekehelleman.nl erreicht werden.

Dani „Stöpsel" Stohl wohnt mit ihrem Sohn Marvin in Wien, Österreich. Ihr Interesse an der Geschichte des 2. Weltkrieges, begann im Jahr 2012, als sie sich die Mini-Serie „Band of Brothers" ansah. Seitdem reist sie so oft es geht durch Europa und in die USA, um den gefallenen Soldaten, beider Weltkriege, Respekt zu erweisen. Dani ist mit vielen Veteranen aus dem zweiten Weltkrieg befreundet und stellt sicher, dass die Heldentaten der größten Generation nie vergessen werden. Um den 2. Weltkrieg zu verstehen, muss man auch in die Geschichte des 1. Weltkrieges eintauchen. Und um all diese Geschichten am Leben zu erhalten, hat Dani eine Facebookgruppe: „Danis WW1 & WW2 History Page."

www.ingramcontent.com/pod-product-compliance
Lightning Source LLC
Chambersburg PA
CBHW041322290426

44108CB00004B/104